150 FICHES DE REVISION DE BTS MCO

Code ISBN : 9798376771242
Marque éditoriale : Independently published
Copyright © - 2023
Editeur : Clément Perrin
Tous Droits Réservés
Imprimé à la demande par AMAZON

FICHES BTS MCO
fiches-bts-mco.fr

Introduction

Arrivé en début de deuxième année de mon BTS MCO, j'ai commencé à créer mes propres fiches de révision car il y avait quand même beaucoup de cours et de chapitres à retenir. J'ai passé des dizaines de journées à les créer.

Aujourd'hui, je vous propose toutes ces fiches de révisions toutes faites qui récapitulent tous les chapitres de toutes les matières des deux ans du BTS MCO.

Je pense et j'espère réellement que ce guide complet vous aidera et vous permettra d'obtenir votre diplôme.
Il en va de votre devenir.

En ayant choisi ce guide, vous avez d'ores et déjà l'envie de réussir l'examen et je vous en félicite ! Vous avez déjà fait la moitié du travail.

> RAPPEL : Ce dossier est totalement confidentiel et personnel (ENTREPRISE FICHES BTS MCO COPYRIGHT), il est strictement interdit de les reproduire à des fins commerciales, de les partager gratuitement ou de les vendre à qui que ce soit. Aux termes de l'article L335-2 du code de la propriété intellectuelle du Code civil :
> « Toute utilisation ou représentation totale ou partielle par autrui (morale ou physique) est interdite et constituerait une infraction sanctionnée. »

Pour commencer, je vais vous présenter la structure avec le sommaire et les sous parties.

Vous allez découvrir dans ce guide :
- La totalité des cours des deux ans résumés
- Les coefficients de chaque matière (cela peut tout de même différer en fonction de votre contrat avec le lycée)

Tous droits réservés FICHES BTS MCO

- Le déroulement de chaque épreuve
- Etc…

Les matières sont classées en importance croissante, c'est à dire que les premières matières dans ce guide rapportent le plus donc sont très importantes et doivent être révisées avec le plus d'attention que les dernières. Mais il ne faudra pas les laisser de côté pour autant.

Si vous avez des questions, nous sommes bien entendu disponible à l'adresse suivante :
Contact @

N'hésitez pas à suivre les actualités sur le site fiches-bts-mco.fr, nous mettons en ligne assez régulièrement des articles de blog concernant le BTS MCO.

Je vous souhaite d'excellentes révisions !

Bonne réussite à vous et merci pour l'intérêt que vous portez à fiches-bts-mco.fr

Tous droits réservés FICHES BTS MCO

Sommaire

Epreuves générales

1. E1 - Culture Générale et Expression
2. E2 - Communication en Langue Vivante Etrangère
3. E3 - Culture Economique, Juridique et Managériale

Epreuves Professionnelles

4. E4.1 - Développement de la Relation Client et Vente Conseil
5. E4.2 - Animation et Dynamisation de l'Offre Commerciale
6. E5 - Gestion Opérationnelle
7. E6 - Management de l'Equipe Commerciale

Epreuves Facultatives

8. EF1 - Communication en Langue Vivante Etrangère 2
9. EF2 - Parcours de Professionnalisation à l'Etranger
10. EF3 - Entreprenariat (BONUS)

Tous droits réservés FICHES BTS MCO

Culture Générale et Expression

Tous droits réservés FICHES BTS MCO

INTRODUCTION CGE

La matière culture générale et expression alias Français est assez importante pour le BTS mais aussi dans la vie en général. Notre manière de nous exprimer oralement comme à l'écrit est très importante.

Pour le BTS MCO, l'épreuve CGE est une épreuve écrite, coefficient 3. L'épreuve dure 4 heures.

Comme vous le savez certainement, cette matière prend appui sur deux exercices principaux :
- La synthèse
- L'écriture personnelle

Pour l'examen, vous aurez quatre documents (soit quatre textes, soit trois textes et une image). Il faudra réaliser une synthèse de ces quatre documents et ensuite une écriture personnelle en rapport avec cette synthèse, la question vous sera donner en haut de la feuille.

Nous allons donc diviser ces fiches de révision CGE en deux parties.

Concernant cette matière, vous devrez absolument connaitre les règles PAR COEUR.
Pour les sujets de thème, ils changent tous les ans, je ne pourrai donc pas vous conseiller sur les textes ou sur des phrases toutes faites, cependant, je vous donnerai des conseils et des phrases types à connaitre.

Je conseille de diviser son temps en deux phases, 2h30 pour la rédaction de la synthèse et 1h30 pour l'écriture personnelle.

Tous droits réservés FICHES BTS MCO

Synthèse

Il faudra rédiger une synthèse **concise** (Dire beaucoup en peu de mots = 1 feuille double), **objective** (Sans prendre parti, neutre) et **ordonnée** (Intro, plan, conclusion)

Voici les points à l'examen pour la synthèse :
- Qualité d'analyse (/10 points)
- Qualité de confrontation des docs d'organisation (/10 points)
- Qualité de respect des contraintes (/10 points)
- Qualité d'expression (/10 points)

La première chose à faire est bien entendu de lire les quatre documents.

Document A ou document le plus riche (qui contient le plus d'idée)	Document B	Document C	Document D	Pistes (ou thèse)
Toutes les idées du texte : - - -	Toutes les idées du texte : - - -	Toutes les idées du texte : - - -	Toutes les idées du texte : - - -	Réaliser 4 ou 5 groupes de mots ou petites phrases qui résument les 4 documents. Les répertorié en couleur : - 1 couleur = 1 partie ou 1 sous partie

Tous droits réservés FICHES BTS MCO

CONSTRUIRE UN TABLEAU (Voir ci dessous)

Personnellement, je relis chaque document et je résume toutes les phrases des textes dans un tableau de confrontation.
C'est un outil d'aide pour trouver le plan de la synthèse. Ce n'est surtout pas à rendre le jour de l'examen.
Il permet d'avoir une vision panoramique du contenu des docs (de tout voir en un coup d'oeil) et permet de reformuler le contenu des docs (Attention, à l'examen, il est interdit de reprendre des morceaux du texte).

Voici le tableau de confrontation ci-dessous :

Document A	Document B	Document C	Document D	Pistes
Un groupe d'adolescents se retrouvent à un endroit et se baignent. Certains plongent. Une jeune fille Suzanne se mêlent avec des jeunes de cités qui plongent d'une corniche mais a peur. Cette fille attend pour sauter avec une peau dorée. Mais le vide l'attire. 10 minutes à attendre et Eddy veut prendre une décision. Eddy est sur le point de sauter mais il a peur qu'elle parte pendant ce temps. Eddy a maintenant aussi peur de sauter. Ils se mélangent physiquement et aléatoirement pour se préparer à sauter. Eddy a le vertige, hallucine et se disloque quand il saute mais il aime ça. Elle se prépare à son tour et lui dit ok, on y va ! Ils se positionnent à coté, prennent leur respiration, décomptent les secondes et SAUTENT.	Aller vite et parcourir une certaine distance est synonyme. Mais cela ne signifie pas la même chose. La première signifie que les Hommes sont devenus des énergumènes à quatre roues. Les formes n'existent plus avec la vitesse, elle se déplacent et se fluidifient. En allant vite, elle montre notre manière de nous sentir vivants. Comme Louis Lachenal, gagne le sommet d'Annapurna, le premier sommet de plus de 8000m jamais conquis mais il perd ses pieds à cause du froids. Sans pieds = sans métier, il a fallu trouver une solution, il a passé son permis de conduire et se met à rouler comme un fou à contrario de ne plus pouvoir vivre en montagne. Son ami a dit que Louis avait un secret à ce pourquoi il faisait cela. Ce qu'il cherchait dans la vitesse, c'était d'échapper au poids de la condition humaine, il vivait comme un oiseau, dans les montagnes.	Un médecin se penchent sur la dangerosité de l'automobile en 1905-1910. Les médecins suivent de près les débuts des voitures car c'était l'un des seuls à pouvoir se l'offrir. Le corps médical a détecté un énorme danger dans la vitesse, l'être humain risquait de se désintégrer. Docteur Nass a étudié les réactions d'un sportman qui a roulé à 60km/h. L'esprit est en brouillard, plongé dans une ivresse agréable et incite à devenir toujours plus insouciant. La vitesse apaise les nerfs. Le coureur se croit dans un rêve. Le docteur explique que c'est une irrégularité de l'afflux sanguin dans le cerveau. Cela se produit à cause de la vitesse, la circulation du sang est atteinte et c'est de ça qu'il y a des troubles dans la clarté de l'esprit. Ce trouble est augmenté par la résistance de l'air, la poussière, la chaleur, etc. Le cerveau est en quelque sorte perdu.	L'association Attitude prévention explique dans un article le nom « Biture Express ». C'est une pratique chez les jeunes qui consistent à boire beaucoup d'alcool en un minimum de temps. Cela sert à atteindre une ivresse rapide et le plus intense possible. Ce mode de consommation est très fréquent pour les jeunes. Il est très dangereux, responsable d'intoxication aigüe et peut entrainer dans le pire des cas le décès par arrêt cardiaque. Ce jeu a besoin de public, pour montrer aux autres nos propres limites et les capacités à les dépasser. Boire de l'alcool est même devenu parfois obligatoire pour pouvoir rentrer dans une soirée. Les jeunes sont très tentés par ces types d'expériences mais n'en dégagent aucunement les risques liés à cela.	- Les besoins et envies de vitesse acquiert des peurs, comportements compulsifs et provoquent d'énormes risques. - L'envie de faire comme les autres et d'être dans le conformisme (ne pas sortir du lot). - L'être humain veut aller vite sous tout ses sens du terme et franchir des distances en peu de temps. - La vitesse provoque chez l'être humain un état de bien être, une fuite des autres et un aboutissement de soi.

Ensuite, vous soulignerez chaque phrase de chaque documents qui parlent de la même chose (une couleur = une piste) et cela vous permettra d'inscrire vos pistes, voici un exemple de tableau pour bien assimilé mes propos :

Une fois ce travail fait, nous allons rédiger un plan (il devra être fait en maximum 15 minutes). Le tableau permet de répertorier toutes les idées, il faut maintenant organiser les pistes.

Le plan doit être progressif, du plus général au plus précis ou du plus évident au moins évident.
Il doit également prendre en compte toutes les pistes en respectant les principes suivant :
Il faut au moins 2 grandes parties minimum avec 2 sous parties pour chaque grande partie.
   Il faut obligatoirement indiquer les documents utilisés dans les sous parties car chaque documents doit apparaitre au moins 2 fois dans l'ensemble du plan.
   Il faut au moins 2 docs par sous partie.
On est libre d'inventer n'importe quel plan mais on peut utiliser les plans qu'on a déjà vu en cours :
- Plan Alternatif -> Il oppose les points de vue : I) Pour / II) Contre
- Plan Thématique : Chaque grande partie correspond à un domaine :
I) Aspect économique
II) Aspect social
III) Aspect politique

Plan Analytique :
I) Constat
II) Causes
III) Conséquences

Voici un exemple de plan :
I. La télé-réalité, le spectacle du réel ?
1) Des émissions qui filment une fiction réelle, extraordinaire révélateur de vérité (doc 2,3 et 4)
2) Mais c'est une réalité mis en scène et organisée : jeux de cirque, héros choisis et conditionnés ayant signé un contrat, il y a un montage (doc. 1, 4)

II. Pourquoi ce succès ?
1) Par curiosité et intérêt aux autres : amour de la vérité des autres, permet de se rassurer dans un monde sans normes et de comprendre et choisir (doc. 2, 3)
2) Par voyeurisme : curiosité appliquée à des sujets triviaux, projection (doc. 2 et 3)

III. Conséquences
1) Positives : chacun peut devenir une star, stimule la curiosité et l'intelligence et motive certains plaisirs de l'existence (doc. 1,2)
2) Négatives : égoïsme, narcissisme, effacement des limites entre ce qui est public et privé, déshumanisation, bestialisation, manipulation et objectivation des individus (doc. 1, 2, 3, 4)

Le plan n'est pas non plus à rendre le jour de l'examen. Maintenant que nous avons fait ce travail, nous pouvons passer à la synthèse (la seule chose à rendre).

Elle comprend une introduction, un développement et une conclusion.

Pour l'introduction, il devra avoir :
- **Une accroche** (phénomène de société en constante évolution… Certains considèrent cela comme une banalité quand d'autres s'interrogent réellement sur ce sujet)
- **Un thème** (Le thème du corpus est…)
- **Une problématique** (La première question à se poser est en réalité… sous tous ses sens du terme ?)

- **Référence du corpus** (Quatre documents étudient cette question et amènent à se demander les raison de celle ci)
- **Annonce du plan** (Le corpus montre d'abord les effets positifs puis permet de s'interroger sur les effets négatifs)

Il sera entre 5 et 8 lignes.

Il faut un alinéa pour le début et il faut pas utiliser JE, NOUS et VOUS. Il faut rester neutre.

Voici un exemple d'introduction :

« La vitesse est omniprésente dans notre société mais ne va pas sans risques, comme le montre le corpus étudié consacré à ce sujet.
Ainsi, les documents amèneront à s'interroger sur les conséquences de la vitesse.
Le corpus montre d'abord les effets positifs puis permet d'étudier les effets négatifs. »

Après l'introduction faite, nous passons directement au développement.
Il faudra :
- Faire un saut de ligne en dessous de l'introduction
- Alinéa et donner une phrase qui donne l'idée de I.
- Alinéa et donner une phrase qui donne l'idée de 1)
- Puis rédiger 1) à partir du plan trouvé (rappel : 1 idée = 1 source rédigée (ne pas indiquer de numéro dans la synthèse)
- Alinéa + Phrase de 2)
- Rédiger 2)
- Etc pour tout le plan…

Règles pour toute la synthèse

-Lors de la première utilisation d'un doc on le présente en entier (on souligne la source (ce qui est en italique sur le sujet) et entre guillemets le titre du doc et la date.
-Pour chaque idées donnés dans la synthèse on précise à chaque fois sa provenance de manière rédigé

<u>Entre les grandes parties :</u> saut de lignes + alinéa + phrase d'idée de la partie pour commencer
<u>Entre les sous parties :</u> alinéa + phrase de la sous partie pour commencer.

Voici un exemple de développement :

 « Premièrement, l'urgence dans notre société est trop présente et tout est régi par la vitesse.
Tout d'abord, elle provoque cependant un sentiment de liberté et de puissance.
Nicole Aubert, Le Culte de l'urgence, La société malade du temps, sorti en 2003, explique que l'urgence et la jouissance de l'instant provoque un sentiment d'adrénaline et une sensation héroïque. Ces éléments peuvent être physiques, relationnels, temporels et provoque une sensation de puissance.
Quand nous gérons des projets en toute urgence, nous nous sentons vivre et utile pour la société. Georges Balandier, Le désordre, éloge du mouvement datant de 1998 montre que les médias ne perdent aucun temps pour parler d'un fait ou d'un événement qui vient de se produire ou même par rapport aux opinions des politiques.
Cette fameuse vitesse provoque une violence dans le présent et nous pensons seulement au futur.

 Ensuite, nous réalisons que tout est en train d'aller trop vite et les conséquences seront la perte du gout du présent. David Le Breton dans Eloge de la marche, de 2000 raconte que l'Homme à l'heure actuelle est totalement pressé et le rapport à la nature lui permet de décompresser et d'enfin vivre dans le moment présent.
Cela permet de prendre de la distance.

Dans notre nouvelle société du 21e siècle, la marche n'est plus à la mode et les consuméristes préfèrent se déplacer en voiture.
Le texte de Michel-Maxime Egger, « La vitesse : enjeux politiques », Choisir, dit qu'il y a un enjeu avec l'évolution de la vitesse, c'est la démocratie.
Les vitesses grâce au mode de déplacement pouvaient être partagées, cependant, partager l'immédiat, l'instant présent et l'ubiquité n'est malheureusement pas possible.
La démocratie doit mettre un terme à ce genre nouvelle vie et œuvrer pour de la solidarité et non pour la solitarité.
Le partage ne sait malheureusement pas quand la décision est trop courte.
Nous sommes dans un tourbillon avec le développement des réseaux sociaux et du digital. Gorges Balandier explique également que l'urgence est un être du temps.
Tout est régi par la vitesse, comme la rapidité d'information, d'efficacité.
Dans cet évitement du temps, le présent devient confus, vide et la réflexion devient minime.
La pensée actuelle devient peu utile et nous renonçons à la cohérence.
Les hommes ont quand même bien adhéré à cette manière de vivre et ils savent que leur maitre est leur temps et essayent de vivre le présent comme ils peuvent.

    Deuxièmement, le déplacement, la nature et le bien être peuvent être une solution à la vitesse et de l'urgence.
    Le déplacement, la nature et le bien être est contraire de la vitesse et de l'urgence.
David Le breton montre que la marche est idéale pour les activités en nature comme la randonnées, le trekking, route de pèlerinage comme Compostelle, etc..
En général, les agences de voyages peuvent organiser des randonnées mais cependant les marcheurs s'organisent seuls.
Entre 1 et 2 millions de personnes effectuent des randonnées de plusieurs jours avec des hébergements le soir.

Le texte de Michel-Maxime Egger explique de la même façon que pour avoir un état de bien être personnel et de tranquillité, nous devons ralentir certaines choses, à mieux adhérer au temps. Les conséquences seront la remise en question de certaines choses comme les réseaux sinon nous irons droit dans le mur.

Nous avons besoin d'une nouvelle conscience collective et une nouvelle économie de la vitesse. Il faut donc prendre du recul, avoir une critique claire, fondamentale et ne pas se laisser avoir par la modernité pour gagner du temps.

Virilio a dit que pour comprendre quelque chose, il est temps de relire les mystiques. Et c'est totalement vrai. Nous devons connaitre tous les rouages et la vitesse comme dans l'ancien temps.

De plus, l'instant présent provoque un énorme sentiment de puissance et permet de s'interroger sur soi.

Nicole Aubert dans Le culte de l'urgence, explique que cela permet de se dépasser encore d'avantage, mettre en importance ses priorités, anticiper ce qu'il va se passer et prendre en compte les contraintes des autres.

Nous nous sentons fort quand on vit dans l'urgence, nous dominons le temps, en tout cas nous le maitrisons.

Et c'est un plaisir très intense et ponctuel que l'on oublie souvent !

Et David Le breton, dans Eloge de la marche exprime que la marche est une ouverture au monde. L'homme devient heureux d'exister. Il rentre en méditation, on envient changé plus en phase pour admirer le temps

Pour lui, marcher est égale au propre sens de vivre, également devenir curieux car nous vivons l'instant présent et cela permet de se ressembler sois même.

Marcher aujourd'hui est assimilé à une forme de nostalgie. Les marcheurs sont des individus qui sont prêts à marcher pendant des heures ou des jours pour pouvoir admirer le monde. Ils s'interrogent sur soi, sur leur existence, sur leur rapport à la nature, ou tout autre pensée que ce soit... »

Pour la conclusion, il faut réaliser un récapitulatif des grandes idées de la synthèse (Pour conclure, ce corpus permet d'analyser en profondeur les aspects réels…)

Exemple de conclusion :

« Pour conclure, ce corpus permet d'analyser en profondeur les aspects réels de l'urgence qui est extrêmement présente dans notre société. Et également que le bien être, la nature et les déplacements sont totalement contraire de la vitesse. Aujourd'hui, tout est régi et controlé par la vitesse (les réseaux, les médias, la politique, etc...), nous devons donc travailler sur notre tranquillité d'esprit. »

Voici les éléments qui sont interdit dans la synthèse :
- Utiliser Je
- Utiliser Vous
- Ecrire I. Ou II. Sur la copie
- Rajouter des éléments qui ne sont pas dans les documents
- Ecrire un numéro de document entre parenthèse
- Recopier des phrases du texte

Ecriture personnelle

Cette exercice est noté sur 20 points. Il doit y avoir 2 pages au total (80 lignes) avec des arguments personnels et de cultures.

Le candidat est interrogé sur un des deux thèmes étudié dans l'année. Je ne peux pas vous citer le nom des thèmes car ceux ci changent tous les ans.
L'écriture personnelle :
Vous devrez répondre de façon argumenté à une question portant sur le thème des documents de la synthèse.
On est noté sur notre capacité à argumenter, structurer, organiser ses idées, illustrer et rédiger correctement (5 points sur la note).

I. La question posé
- Il s'agit d'organiser un point de vue (ex : pensez vous que, selon vous)
- En général, la question porte sur un aspect précis du corpus, soit le sujet porte sur un thème élargi du corpus, soit une écriture personnelle qui porte sur un sujet à commenter.

II. Comment rechercher des arguments
- Utiliser les documents de la synthèse
- Brainstorming (on note le sujet sur une ligne)
- La technique du QQOQCP
- Le renversement de la thèse (rencontrer un adversaire qui est opposé à nos idées)

III. Le plan
Du plus facile au plus compliqué. Le plan doit être logique et équilibré. Il n'est pas obligatoire à faire des sous-parties. Il faut au moins deux grandes parties.
On peut utiliser les types de plan déjà vu pour la synthèse (Plan thématique : I. Oui II. Oui III. Oui, avec trois idées ; Plan par réfutation I. Non II. Nouvelle thèse)
Certaines questions ne demandent pas de réponse par oui ou par non, dans ce cas la, utiliser un plan analytique (constat cause conséquence)

80% des plans sont des plans concessifs (I. Certes II. Mais pas toujours)

IV. Les références culturelles
- Il en faut au moins une tiré du corpus.
- Il faut au moins une référence extérieure.
- On ne prend pas sa propre vie comme référence.
- Attention aux propos interdit par la loi.
- Utiliser des références culturelles (livres, films, séries, chanson, citations, actualités)

Les éléments obligatoires :

- <u>Intro</u> (Accroche / Problématique / Plan)
- <u>2 grandes parties</u> (2 références culturelles, une du corpus et une de l'extérieur)
- Conclusion

Les éléments interdits :

- Nous
- Eviter Je

Vous pouvez écrire votre résumé de cette matière ici :

Tous droits réservés FICHES BTS MCO

Communication en Langue Vivante Etrangère (Anglais)

This test is an oral, coefficient 3. The test lasts two hours.

Cette matière en BTS MCO sera présent pour principalement connaître les termes commerciaux et économiques et mieux parler anglais bien sûr.

C'est une épreuve qui peut vous rapporter des points plutôt facilement. Pour cela, il suffit d'apprendre votre vocabulaire et d'être structuré !
Les épreuves consistent pour l'examinateur à évaluer votre compréhension et votre expression orale dans la langue étrangère.

EPREUVE ECRITE

La première épreuve est une épreuve écrite d'une durée de deux heures, coefficient 1,5.
La deuxième est un oral d'un coefficient 1,5 également.

L'examinateur va vous donner un texte écrit en anglais et il faudra faire un résumé en français.

Conseil : Pour cette partie de l'épreuve soyez synthétique sur votre brouillon pour ne pas perdre de temps.
Préférez écrire des mots plutôt qu'écrire toutes vos phrases car vous serez tenté de lire votre brouillon !
L'examinateur note votre aisance à l'oral, si vous lisez vos phrases votre élocution ne sera pas fluide.

Il faudra synthétiser au maximum vos idées car il ne faut pas dépasser les 200 mots.

Il faudra ensuite répondre aux questions EN anglais, n'hésitez pas à dépasser les 100 mots par question.

Conseils pour la partie « Résumé » :
- Lire lentement le texte (n'hésitez pas à surligneur les mots que vous ne comprenez pas)
- Notez les idées du texte en français
- Etre concis
- Prendre du recul sur le texte
- Rédigez votre résumé en vous servant UNIQUEMENT de votre brouillon

Conseil pour la partie « Questions en anglais » :
- Ecrivez en utilisant le maximum de vocabulaire
- Utilisez un sujet ou vous êtes à l'aise
- Ne pas négliger cette partie de l'épreuve

EPREUVE ORALE

L'autre partie de votre épreuve d'anglais au BTS MCO se déroule de la façon suivante :

L'examinateur vous présente un texte et vous aurez 20 minutes pour échanger avec une personne en anglais sur ce texte.

Je vous conseille :
- d'écrire des mots clés à l'écrit, cela vous aidera à formuler vos phrases à l'oral.
- Parlez calmement et doucement pour ne pas éviter d'avoir tout dit au bout d'une minute.
- Ne stressez pas, l'examinateur ne vous demande pas d'être bilingue, simplement d'avoir un minimum de connaissances en anglais.

Essayez de pratiquer cette langue Au Maximum, avec des amis, votre famille, des séries/films en anglais, etc…

Tous droits réservés FICHES BTS MCO

Certaines écoles vous demandent également une présentation orale de votre stage/entreprise, voici quelques conseils ci-dessous.

La présentation de votre rapport de stage doit se faire en plusieurs parties de façon structurée :
– Présentation de votre entreprise (domaine d'activité, résultat, évolution, produit ou service le plus vendu);
– Votre fonction et votre rôle;
– Vos résultats et l'analyse de votre action durant vos périodes de stage.

La note de votre passage à l'oral en anglais pour l'épreuve dépend de ces critères :
– Votre capacité à structurer la présentation de votre entreprise;
– Votre compréhension aux questions de l'examinateur;
– Votre aisance à utiliser quelques mots spécifiques que les autres candidats n'utilisent pas;
– La conjugaison de vos verbes en accord avec le temps de la phrase.

Présentation de son entreprise

a) Présenter la société
Pour rédiger votre rapport de stage en anglais, il faut avant tout dire : – Le domaine d'activité de l'entreprise; – Sa localisation; – Si elle dispose de filiale; – Son chiffre d'affaires (turnover); – Sa taille (nombre de salariés); – L'origine de l'entreprise; – Son organisation hiérarchique.

b) Décrivez vos activités
Pour décrire vos missions (assignments), sélectionnez la votre parmi les phrases suivantes : They entrusted me with – Ils m'ont confié I was responsible for – j'étais responsable de I was given the opportunity to – On m'a donné l'opportunité de I handled minor assignments – Je menais des missions

mineures I was in charge of – J'avais la responsabilité de I was involved in – J'étais impliqué dans

c) Comparez vos objectifs avec vos résultats obtenus
Donnez vos difficultés que vous avez rencontrées lors de votre stage (intership) et les techniques que avez utilisées pour y remédier. Voici des exemples de phrases : I had to – Je devais I was satisfied because – J'étais satisfait car It was a sucess – Ce fut un succès I was able to – J'étais capable de I ran out of time – J'ai manqué de temps It was a failure because – Ce fut un échec parce que I failed because – J'ai échoué car

d) Donnez votre impression par rapport à votre stage et à ces apports
Une étape incontournable pour donner un aspect humain à votre rapport de stage : vos sentiments. En effet, ajoutez une note personnelle à votre rapport et vous gagnerez certainement un point facilement. Choisissez parmi ces exemples : I was pleased because I reached my goals – J'étais content d'avoir atteint mes objectifs I learnt from that experience – J'ai appris de cette expérience I was rewarding because I benefited from this experience – J'ai tiré bénéfice de cette expérience It showed me what working life was – Cela m'a permis de découvrir le monde du travail Professionally, it taught me how to work in team – Professionnellement, cela m'a appris à travailler en équipe I was disappointed – J'étais déçu Personally speaking – Sur un plan personnel It contributed to making my stay very enjoyable – Cela a contribué à rendre mon stage très agréable It was a rewarding experience – Ce fut une expérience enrichissante I appreciated the fact that I was guided trough this intership – J'ai apprécié le fait d'être guidé tout au long de mon stage I enjoyed having people who assisted me to work things out – J'ai apprécié d'avoir des gens qui m'aidaient à mener à bien mon travail

e) Donnez votre conclusion

Pour conclure votre rapport en anglais, parlez de votre orientation et de vos projets. Comme je sais que vous adorez les exemples, en revoici : It has confirmed my orientation – Cela a confirmé mon orientation It has enabled me to realize I had made the right-wrong choice – Cela m'a permis de réaliser que j'avais fait le bon-mauvais choix It encourages me to renew this experience – Cela m'a encouragé à renouveler l'expérience It has convinced me to continue my studies – Cela m'a convaincu de poursuivre mes études.

4) Vocabulaire

helpful – pédagogue
demanding – demander
expect to – s'attendre à
bankrupt – faillite
staff – employé
dress code – code vestimentaire
supplier – fournisseur
[…]-compliant – qui respecte
shipping – expédition
achieve – atteindre
manage – gérer
cravings – envies
enhance – améliorer, rehausser
mood – l'humeur
stage – étape
intake – un apport
jumpstart – faire démarrer
shif – changement
market research – étude de marché
convince – convaincre
attract – attirer
on behalf of – de la part de
sales manager – directeur des ventes
deal with – s'occuper de
meeting – réunion
make sure – s'assurer de
discount – remise
to grant – accorder
shift - horaires
training - formation
company car - voiture de fonction
a full time job - travail à temps plein
a part time job - travail à temps partiel
permanent job - CDI
Temporary job - CDD
Success - réussite

Vous pouvez écrire votre résumé de cette matière ici :

Tous droits réservés FICHES BTS MCO

Culture Economique Juridique et Managériale

Tous droits réservés FICHES BTS MCO

Cette matière qui est la CEJM alias Economie/Droit est une matière très importante pour le BTS MCO.

C'est une épreuve écrite, coefficient 3. Elle dure 4 heures donc on va avoir besoin de plusieurs fiches de révision pour ne pas être perdu pour l'examen à la première heure.

Nous allons diviser ces fiches de CEJM en 6 thèmes avec 2 catégories.
- Thème 1 : L'intégration de l'entreprise dans son environnement
- Thème 2 : La régulation de l'activité économique
- Thème 3 : L'organisation de l'activité de l'entreprise
- Thème 4 : L'impact du numérique sur la vie de l'entreprise
- Thème 5 : Les mutations du travail
- Thème 6 : Les choix stratégiques de l'entreprise

Pour la première, nous allons réviser l'économie et le management. Et en deuxième, le droit (juridique).
Et pour chaque catégorie, nous allons aborder chaque cours un par un.

Au début de chaque thème, nous allons rappeler les bases pour les personnes qui ont un petit peu de difficultés dans cette matière. Pour la plupart, vous allez trouver ça facile et rébarbatif mais comprenez bien qu'il en faut pour tout le monde. Et pour les personnes avec des facilités et un peu plus de connaissances, cela permet de réviser également l'essentiel. Cela ne fait jamais de mal.
Nous allons bien sûr, avancer un peu plus dans la difficulté après chaque chapitre.
Cette matière prend appui sur beaucoup d'exercices et des situations professionnelles contextualisées, c'est pourquoi, ces fiches seront plus théoriques avec des résumés et synthèse de cours. Ce n'est pas spécialement important de mettre des exercices sur ce guide, vous pourrez faire ces exercices directement chez vous avec vos exercices de cours. Nous commençons directement par l'économie.

Tous droits réservés FICHES BTS MCO

Economie

L'intégration de l'entreprise dans son environnement

L'entreprise est au coeur d'un environnement économique qui se compose de différents agents économiques:
- Les clients (particuliers ou professionnels)
- L'état
- Les fournisseurs (producteurs de biens et/ou prestataires de services)
- Les banques

Un agent économique est un centre de décision économique indépendant, disposant d'une autonomie de décision dans l'exercice de sa fonction principale.

Définitions :

Ménages :
Ensemble des personnes qui habitent une même résidence principale et partagent un même budget, même si elles n'ont pas de parenté entre elles.

Etat :
Les administrations, les collectivités territoriales produisent des services non marchands. Elles collectent des impôts et des cotisations, versent des subventions et accompagnent la création d'entreprise.

Fournisseurs :
Les fournisseurs sont des entreprises qui produisent des biens et des services marchands nécessaire à l'activité de l'entreprise.

Banques :
Les banques collectent l'argent et assurent le fonctionnement de l'activité de l'entreprise. Elles accordent des financements aux entreprises qui investissent.

Tous droits réservés FICHES BTS MCO

Les ménages ont pour fonction économique principale de consommer des biens et des services.
Les banques ont pour fonction de prêter de l'argent, financer l'économie, de collecter l'épargne. Elles jouent un rôle d'intermédiaire entre les autres agents économiques.
Les entreprises ont pour fonction de produire des biens et/ou des services.
Et les administrations publiques produisent des services non marchands destinés à la collectivité. Ces services ont pour objet de satisfaire des besoins collectifs ou individuels mais dont l'intérêt est général.

Il existe deux types de production :
- Marchande (elle désigne la production qui doit être vendu sur un marché à un prix concurrentiel)
- Non marchande (elle désigne la production qui ne passe pas par le marché et qui est prédéfinie soit gratuitement, soit à des prix non significatifs (donc inférieur à 50% des couts de production).

Les entreprises ont des relations à double sens avec les ménages :
- Les flux réels des entreprises vers les ménages (biens et services vendus)
- Les flux monétaire en sens inverse (paiements des biens et des services qui représentent le chiffre d'affaires.

Ces 2 acteurs se rencontrent.
Idem pour le marché du travail :
- Le flux réel (les ménages fournissent une quantité de travail)
- Le flux monétaire (les entreprises versent les salaires aux ménages)

L'état soutient les entreprises avec de nombreuses aides financières, les banques également assurent le financement pour les entreprises, ce qui permet de développer l'activité économique des entreprises (car ils investissent), ce qui

permet de développer d'autres biens et services pour les ménages.
C'est un cercle vertueux.
Vous avez bien compris que chaque acteur à son importance et qui si un s'arrête, ce sont les 3 autres qui ne fonctionnent plus.

Le fonctionnement des marchés

Le marché économique actuel tient une place importante dans l'organisation des échanges.
L'économie de marché est un système dans lequel la valeur des biens et/ou services se détermine au travers des échanges qui sont effectués.

Le marché est un lieu (soit réel, soit virtuel) où se rencontrent des acheteurs (en terme économique, on l'appelle la demande) et les vendeurs (l'offre). Le but est de réaliser un échange.
Pour définir un marché, il y a l'objet de la demande et l'étendue du marché.

Ils existent 3 types de marché :
- Le marché des biens et services (ex : marché de l'automobile)
- Le marché du travail (emploi)
- Le marché financier des capitaux (obtention de financement)

Un prix d'échange est alors fixé entre l'offre et la demande, il s'appelle le prix d'équilibre, c'est ce qui permettra de rencontrer une demande.

Lorsque le prix est trop élevé, la demande va diminuer (les consommateurs seront découragés et les quantités vont diminuer. La demande est donc une fonction décroissante du prix.

Pour représenter la demande graphiquement :

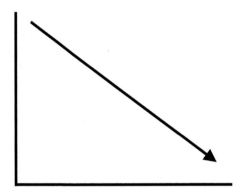

Inversement, lorsque le prix est bas, l'offre va avoir tendance à augmenter. Les entreprises vont produire d'avantage. L'offre est donc une fonction croissante du prix.
Pour représenter l'offre graphiquement :

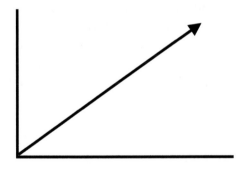

La concurrence :
Elle permet l'efficacité du fonctionnement du marché. Pour les entreprises, la concurrence permet de les stimuler pour maintenir leur parts de marché et permet de rendre l'offre plus dynamique et plus innovante pour le consommateur.

Si l'offre augmente par rapport à la demande, les offreurs doivent baisser leur prix (sauf exceptions que l'on verra plus tard). Cette baisse de prix attirera des demandeurs, ce qui créera un équilibre.

Si la demande est supérieur à l'offre, alors les prix augmente, la demande diminuera et le marché sera à son juste équilibre. A contrario, si la demande est inférieur à l'offre, les prix diminuera et la demande augmentera et le marché sera à son juste équilibre.

L'asymétrie d'information :
L'asymétrie d'information entre les différents acteurs constitue un manque de transparence qui porte atteinte à la crédibilité de tous les acteurs et nuit à l'efficacité du marché.

Les barrières à l'entrée :
Une barrière à l'entrée est un obstacle rencontré par les investisseurs/créateurs d'entreprise sur un marché. Elle limite le nombre d'offreurs et donc d'acteurs sur le marché et limite donc la concurrence. Ces barrières sont établie par des acteurs déjà en place ou par la réglementation (exemple : pour devenir chauffeur taxi, les barrières à l'entrée sont l'achat de la licence de taxi qui peut être très couteux, le passage du concours de taxi qui est compliqué à obtenir à cause de la demande dans ce métier).

L'absence d'atomicité du marché :
Dans un marché à forte concurrence, le nombre d'offreurs et de demandeurs sur le marché est tellement grand que personne ne peut avoir de position dominante et influencer le fonctionnement de celui ci.
On parle de concurrence oligopolistique (très peu d'offreurs) et de concurrence monopolistiques (un seul offreur).

Les externalités pour les entreprises :
Une externalité dans un activité économique est un impact positif ou négatif sur le bien être et le comportement d'autres agents.
Exemple d'externalités positives :

Un apiculteur améliore les rendements agricoles des terres aux alentours.
Exemple d'externalités négatives :
La pollution généré par une usine.

Les finalités et les parties prenantes de l'entreprise

L'entreprise combine un ensemble de ressources et cherche à atteindre une ou plusieurs finalités. Ces finalités dépend de chaque individus avec lequel elle est en relation.
Pour continuer à satisfaire ces personnes, l'entreprise cherche continuellement à être plus performante sur le plan économique, social et sociétal.

La finalité est la raison d'exister pour une entreprise. Elle traduit les motivations de l'entrepreneur et elle peut avoir plusieurs finalités :
- La finalité économique :
La finalité économique est la plus importante de toutes, elle est financière, il s'agit de générer du profit.
La finalité financière et économique est obligatoire pour qu'une entreprise soit pérenne et vive dans le temps.
- La finalité sociale :
Elle correspond à la prise en compte des attentes des salariés. Cela peut être par exemple, favoriser l'épanouissement des salariés au travail en les formant, en les rémunérant d'avantages, etc…
- La finalité sociale :
Elle contribue au bien être de la société. L'entreprise s'implique en faveur de la société par la mise en oeuvre d'actions citoyennes au niveau humanitaire, caritatif ou culturel.

La responsabilité sociale des entreprises (RSE) :

C'est un concept qui désigne l'intégration volontaire par les entreprises de préoccupations sociales, environnementales et économiques dans ses activités commerciales et ses relations avec ses parties prenantes.
La RSE pour les entreprises est la contributions aux enjeux du développement durables par rapport à l'environnement sous toutes ses formes.

Les parties prenantes influencent internes et externes les décision de l'entreprise :

Les parties prenantes internes	Principales parties prenantes externes
Les dirigeants Les salariés Les représentants des salariés Les actionnaires	Les clients Les fournisseurs Les concurrents Les banques Les syndicats
Action directe sur l'activité	Influence la décision de l'entreprise

Les jeux de pouvoir et de contre pouvoir :

Les rapports de force en présence peuvent perturber la stabilité de l'entreprise.
Les dirigeants doivent donc réguler les tensions afin de s'attacher la coopération des différents acteurs. Les marges de manoeuvre dépendent de la capacité à contrôler une zone d'incertitude.

La démarche entrepreneuriale et la performance

Les étapes de la création d'une entreprise :
1. L'idée (une création d'entreprise par forcément d'une idée).
2. L'étude de marché (elle a pour but de découvrir le marché, les tendances et de voir si le projet est viable et fiable).

3. Le business plan (c'est un dossier qui présente le projet de création d'entreprise. Il contient la description du projet, la présentation des créateurs, du concept, une étude économique et un plan d'action concret envisagé).
4. La recherche de financement (capitaux propres de départ qui correspond aux apports des créateurs, une levée de fonds via un apports d'investisseurs extérieurs, un prêt bancaire, financement participatif, crowdfunding).
5. Trouver des aides et des subventions (L'état et les collectivités territoires proposent des aides à la création d'entreprise, aides financières, allègements fiscaux, exonération de charges sociales, mise à disposition de locaux…)
6. Choix du statut juridique (c'est une étape importante dans la création d'entreprise, il faut choisir la forme la plus adapté en tenant compte de l'activité de l'entreprise, le nombre d'associés car elle a des conséquences fiscales et sociales futurs).
7. Réaliser les formalités administratives (permet de déclarer l'activité entrepreneuriale et d'obtenir une immatriculation).

Nous devons différencier la démarche entrepreneuriale et la démarche managériale.

La démarche entrepreneuriale se caractérise par la volonté d'une ou plusieurs personnes qui vont se mettre d'accord sur un projet qui aboutira à la création ou la reprise d'une entreprise.
La démarche managériale se caractérise par la capacité à manager et à gérer de manière optimale les ressources pour permettre à l'entreprise de se développer et d'assurer sa pérennité.
Le rôle du manager consiste à :
- fixer des objectifs
- Définir les moyens à mettre en oeuvre pour réaliser les objectifs fixés
- Animer et diriger les ressources humaines

- Contrôler que les résultats obtenus sont conformes aux objectifs fixés

Mais pour développer une entreprise, l'entrepreneur doit avoir une complémentarité dans les deux démarches.
Elles sont complémentaires car pour qu'une entreprise soit compétitive, l'entreprise doit provoquer le changement, innover pour surprendre ses concurrents est trouver de nouveaux débouchés tout en optimisant ses ressources pour être rentable le plus possible et réaliser un profit.

Une entreprise est performante lorsqu'elle atteint les objectifs qu'elle s'est fixés. Avant de parler de performance, on parle d'efficacité, c'est à dire obtenir un certain résultat conformément à un objectif donné. Elle inclut l'efficience (le minimum de ressources pour atteindre le même résultat).

La mesure de la performance se mesure qualitativement et quantitativement grâce à différents indicateurs (économiques, sociaux, commerciaux et environnementaux).
Pour définir et exploiter ces différentes données, il faudra donc créer un tableau de bord et ce tableau vous aidera pour la décision futur de multiples projets.

Les principales politiques économiques et leurs outils

L'état intervient dans l'économie pour assurer son bon fonctionnement. L'état corrige les dysfonctionnements et les défaillances de marché.

Le rôle de l'état se compose de 3 grandes fonctions :
- Les fonctions d'allocation (l'état affecte des ressources financières pour produire et fiancer des biens publics ou autres).
- Les fonctions de redistribution (Elle modifie la répartitions des revenus primaires afin de réduire les écarts de revenus et donc les inégalités).

Tous droits réservés FICHES BTS MCO

- Les fonctions de régulation (Elle controle la situation économique afin de maintenir l'économie proche d'un équilibre souhaité, lutte contre les défaillances du marché, réduction des externalités négatives).

Les revenus après redistribution est égal au revenu avant distribution (revenu primaire) - les prélèvements sociaux + les transferts sociaux.
L'état fait en sorte à ce que les marchés soient suffisamment concurrentiels car une faible concurrence peut conduire à des niveau de prix trop élevé sur un marché.
La fonction de régulation repose donc sur la mise en place de règles qui accompagnent les politiques économiques mises en oeuvre par l'état.
Les politiques économiques regroupent l'ensemble des actions mises en oeuvre par les pouvoirs publics (état, collectivités locales et banques) pour atteindre leurs objectifs à court et long terme.

Les finalités des croissances économiques reposent sur :
- Une croissance durable
- Le plein emploi
- La stabilité des prix
- L'équilibre du commerce extérieur

La croissance économique d'un pays est mesurée par la croissance du PIB (produit intérieur brut). Le PIB mesure les richesses produite sur un même territoire.
Il se calcule en faisant la somme des valeur ajoutées des producteurs sur un territoire.
Valeur ajoutée = Valeur d'une production - Valeur des consommations intermédiaires
Si ce résultat augmente entre 2 dates données, la croissance est positive. S'il diminue, la croissance est négative.
Le PIB/habitant (PIB divisé par le nombre d'habitants) est souvent utilisé pour comparer deux pays entre eux.

L'indicateur de développement humain (IDH) permet d'avoir une approche qualitative de la situation dans un pays donné, il inclut le PIB/habitant, l'espérance de vie et la durée de scolarisation.

On distingue deux politiques :
- Conjoncturelles
- Structurelles

La politique conjoncturelles visent à agir sur l'activité économique et à résoudre les dysfonctionnements **à court terme**. La conjoncture économique désigne la situation économique à un moment donné.
La politique structurelles désigne l'action de l'état **à long terme** visant à agir sur les structures économiques du pays et le fonctionnement des différents marchés.

Les limites des politiques économiques

Les critères de convergence au sein de l'UE sont assez nombreux. Il existe 3 principales contraintes d'ordre budgétaire :
- Le déficit public doit être inférieur à 3% du PIB
- La dette publique doit être inférieure à 60% du PIB
- Le déficit budgétaire d'un pays ne doit pas dépasser 0,5% de son PIB.

Ces contraintes limites les marges de manoeuvre de l'état en matière de politique budgétaire.
L'état doit donc limiter ses dépenses publiques et augmenter ses recettes pour réduire son déficit mais s'endette pour rembourser sa dette (effet boule de neige).

L'environnement global de l'entreprise

Le macro environnement de l'entreprise :
Il désigne l'environnement général au sein duquel l'entreprise évolue.

Pour classer et examiner les différents aspects de l'environnement extérieur, nous allons utiliser l'outil de diagnostic PESTEL :
- Politique (stabilité politique, protection sociale, commerce extérieur,...
- Economique (croissance économique, évolution des prix, inflation,...)
- Socio-culturelle (niveau d'éducation, croyances, population démographique,...)
- Technologique (nouveaux biens/services, R&D, brevets,...)
- Ecologique (consommation d'énergie, déchets, protection de l'environnement,...)
- Légal (réglementation, interdiction, législation)

Voici un exemple de PESTEL :

	PESTEL	
	Opportunités	**Menaces**
Politique	Aide du gouvernement français	Principe de libre concurrence
Economique	Baisse des taxes Augmentation de la demande Renforcement de la compétitivité (réduction des couts unitaires)	Augmentation de l'offre de vols en France (objectif + 20% d'augmentation de passagers) Ryanair a des stratégies élaborées pendant les 5 prochaines années.
Socioculturelle	Le consommateur privilégie les entreprises françaises	Le comportement du consommateur change (ils cherchent le meilleur prix)
Technologique	Mise en place et investissements dans les outils digitaux pour les salariés d'AirFrance KLM.	Les clients chercheront le meilleur prix grâce aux sites de vol en ligne.
Environnemental	Entreprise française, ce qui prouve la qualité et le savoir faire.	Entreprises concurrente basée à l'étranger donc fiscalement plus intéressant
Légal	Respect du décret de 2006 pour Ryanair (paiement des cotisations patronales et salariales)	Plus de frais, de taxes et de charges pour Air France car entreprise française.

L'innovation est la mise en oeuvre d'une idée nouvelle, de nouvelles connaissances ou d'une invention d'un nouveau produit/service.

L'innovation peut être soit :
- De produit (introduction d'un bien ou d'un service nouveau présentant une rupture radicale ou majeure (internet) ou enrichissant l'existant sans le remettre en cause (innovation incrémentale)).
- De procédé (mise en oeuvre d'une nouvelle méthode de production, de distribution ou d'organisation du travail (low-cost dans le transport aérien).

Joseph SCHUMPETER explique qu'une innovation majeure déclenche une série d'autres innovations qui formeront une grappe d'innovations et initieront un processus de destruction créatrice.

Pour qu'une entreprise innove, elle doit respecter certains points :
- Elle doit mener une veille technologique (pour surveiller l'environnement technologique dans le but d'anticiper les changements).
- Assurer la recherche & développement
- Protéger ses innovations par des brevets
- Mettre en place une démarche qualité (pour continuer d'améliorer le produit ou service).

Les facteurs et les choix de production

L'organisation de l'activité de l'entreprise a pour object d'identifier l'ensemble des choix que doit réaliser une entreprise pour améliorer sa performance.

Les facteurs de production se divise en 3 catégories :
- Le facteur travail (il désigne la main d'oeuvre, les compétences déployées par les Hommes pour produire des biens et des services. On mesure le facteur travail par la qualité (les hommes et leur savoir faire et compétences), et par sa quantité (cela dépend et varie sur la population active, les époques, les métiers et les secteurs).
- Le facteur capital (il représente tous les biens qui sont nécessaires à la production qui se divise avec le capital fixe soit technique, soit immatériel (qui ne se corrèle pas avec le nombre de quantités produites comme une machine dans une usine) et le capital circulant (qui est corréler avec le nombre de quantités produites (comme les matières premières).
- Le facteur connaissances (ce facteur est lié au savoir faire et aux connaissances de chaque personne dans une entreprise car la principale source de richesse dans les économies développés réside dans les savoirs et moins dans les ressources matérielles.

Le facteur travail est combiné au facteur capital pour assurer la production.
Pour assurer au mieux la production, il faut choisir la combinaison productive la moins couteuse et la plus efficace.
Facteurs substituables :
Remplacement d'un facteur de production par un autre (par exemple, on remplace un vendangeur par une machine à vendanger).

Quand on ne peut pas remplacer un facteur de production par un autre, il est incompressible (un peintre ne peut pas être remplacé par une machine).
Si deux facteurs sont utilisés ensemble, ils sont complémentaires (facteur travail + capital).
La productivité mesure l'efficacité d'un facteur de production. On la compare avec la quantité de production et à la quantité de facteurs utilisée.

On peut différencier :
- La productivité de travail (c'est le rapport entre la production obtenue et la quantité de travail utilisée)
- La productivité du capital (c'est le rapport entre la production obtenue et la quantité de capital utilisée)

L'entreprise a le choix de faire (conserver toutes ses activités) ou de faire faire (confier et déléguer ses activités à un prestataire extérieur).
La chaine de valeur est un processus permettant d'identifier les différentes activités d'une entreprise pour distinguer celles qui sont créatrice de valeur et les autres.

Le choix de faire	**Le choix de faire faire**
L'entreprise doit être performante au maximum sur ses activités clés principales (coeur de métiers). Elle peut également réduire ses couts (transport, gestion de stock,	L'entreprise peut déléguer une partie ou la totalité des activités à des partenaires extérieurs. L'entreprise choisi donc d'externalisée certaine activités

L'organisation de l'activité de l'entreprise

Le management consiste à :
- Diriger (fixer des objectifs)
- Mobiliser (mettre en oeuvre des ressources humaines, financières et matérielles de manière optimale)
- Contrôler (vérifier si les objectifs ont été atteints)

Il existe différents styles de direction dans les entreprises. Ces styles caractérisent la manière dont le dirigeant partage le pouvoir et la prise de décision au sein de l'entreprise. Ces différents management dépend de la personnalité du dirigeant, de la structure, de la taille de l'entreprise, son environnement, etc…

Il existe 4 types de styles de management :
- Autoritaire (rapports distants, respect des ordres et objectifs imposés par la hiérarchie)
- Paternaliste (contacts étroits mais autorité constante, confiance limitée, récompenses et sanctions)
- Consultatif (contacts étroits, demande des avis des salariés, encourage le travail en équipe, récompenses)
- Participatif (proximité, participation des salariés à la gestion, communication constante, confiance absolue)

Un lien hiérarchique représente un rapport d'autorité entre un subordonné et son supérieur. Un lien fonctionnel est un rapport lié à l'exécution de certaines taches qui met deux membres de l'entreprise en relation.

Il existe, après ces différents styles de management, un concept plus large qui est la structure. Il en existe 3, nous les voyons ci-dessous.

La structure fonctionnelle :
Cette organisation est très centralisée mais elle repose sur la compétence des employés et les spécialisations de chacun. Chaque spécialisation est divisé par fonction. Il y a bien entendu la direction générale au sommet et en dessous nous retrouvons les spécialisations (commerce, production, comptabilité, r&d, etc…) et en dessous, il y a les employés pour chaque spécialisations.

La structure divisionnelle :
Ce type d'entreprise est reparti en division, elle est divisée et décentralisée en activité (par produits, par marchés ou par zone géographiques). Chaque division est responsable de ses résultats.

La structure matricielle :
Cette structure combine les 2 précédents (la structure fonctionnelle et divisionnelle). On garde les départements par fonction (commerce, production, comptabilité, etc…) et on ajoute à ces départements, des groupes divisés par activité (produit A, produit B, etc).
Cette structure est souvent adapté pour des multinationales qui évoluent dans un environnement qui change souvent et travaille par projet.

L'organisation des ressources et des compétences de l'entreprise

Il existe 3 types de ressources selon Penrose, tangibles, intangibles et stratégiques.

Les ressources tangibles regroupent les actifs observables et matériels qui a pour but l'activité directe de l'entreprise (physiques, financiers et humains). A l'intérieur de ses ressources tangibles, on retrouve :
- Les ressources physiques (équipements et caractéristiques qui peuvent placer l'entreprise en position de force ou de faiblesse par rapports à ses concurrents)

- Les ressources financières (résultats chiffrés, rentabilité, endettement, etc…)
- Et les ressources humaines (effectif salarié, niveau de qualification, climat social, etc).

Les ressources intangibles concernent les actifs immatériels, on retrouve à l'intérieur :
- Les ressources technologiques (brevets, licences, dépense R&D)
- Les ressources organisationnelles (savoir faire, structure de l'entreprise, flexibilité,…)
- Les ressources mercatiques (notoriété, image de marque,…)

Les ressources stratégiques sont celles qui constituent pour l'entreprise une force pour obtenir et conserver un avantage sur ses concurrents. Cette analyse se positionne sur deux critères :
- La valeur pour le client par rapport aux ressources des concurrents
- Leur exclusivité pour l'entreprise

Voici un autre résumé pour les 3 types de ressources, sous forme de tableau :

Ressources tangibles	Ressources intangibles	Ressources stratégiques
Sites de production Laboratoire d'analyse indépendant Développement de l'entreprise Réseau de boutiques	Réputation Service qualité 20 employés	L'analyse des forces et faiblesses de notre entreprise par rapport à nos concurrents et cela permet de mettre en oeuvre plus de ressources sur nos forces.

La compétence professionnelles se décompose en 3 parties :
- La connaissance (le savoir)
- La pratique (le savoir faire)
- Les attitudes (savoir être)

Pour bénéficier de ces trois compétences professionnelles, l'entreprise doit mobiliser ses compétences pour acquérir des compétences individuels adaptés.
Et pour acquérir des méthodes d'apprentissage permettant de créer des compétences collectives, l'entreprise doit favoriser l'effet

d'expérience dû à l'amélioration, au fur et à mesure que la production augmente, elle doit former ses nouveaux collaborateurs et former sur la maitrise de savoir faire techniques et organisationnels.
L'entreprise doit aussi mettre en oeuvre des processus pour optimiser l'utilisation de ses ressources et accroitre sa productivité comme :
- Des processus productifs
- Des processus de support
- Des processus de pilotage

L'entreprise doit également prendre en compte les facteurs de contingences qui influence l'organisation de ses ressources avec :
- Les parties prenantes (salariés, clients, fournisseurs,...) qui agit en contre pouvoirs ou qui subit les décisions de l'entreprise en fonction de leur degré de contribution aux processus de l'entreprise et de leur degré de dépendance.
- La logique RSE en fonction des valeurs personnelles des dirigeants est des attentes des parties prenantes.

Quel financement pour l'entreprise ?

Pour qu'une entreprise fonctionne, elle doit financer un cycle d'exploitation.
En d'autres termes, le cycle d'exploitation correspond à l'ensemble des opérations successives liées à l'activité normale de l'entreprise, de l'achat de la marchandises (ou matières premières) jusqu'au règlement du client. C'est un cycle court et régulier.

Calcul = Actif circulant - passif circulant.

Voici le schéma du cycle d'exploitation :

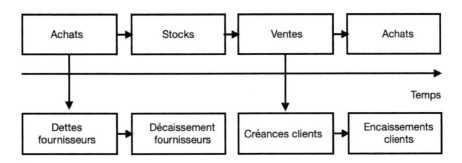

Tous droits réservés FICHES BTS MCO

Plus le cycle d'exploitation est long, plus l'entreprise aura besoin de trésorerie élevé pour faire face au décalage dans le temps entre les charges (sorties d'argent) et les ventes (rentrées d'argent).
Le besoin de financement du cycle d'exploitation sera le résultat de ces besoins et de ces ressources.

Les besoins de financement de l'exploitation évolue proportionnellement à l'activité. Lorsque l'activité augmente, le besoin de financement évolue, vous aurez bien compris qu'une trésorerie dans une entreprise est obligatoire pour un bon déroulement sur le long terme.

Les investissements nécessitent des ressources financières importantes et stables. Dans le bilan de l'entreprise, on désigne des investissements comme des immobilisations, et récupérera qu'à long terme.
Pour calculer le fond de roulement de l'entreprise, nous la calculons de 2 manières :
- Soit : Actif circulant - passif circulant
- Soit : Ressources stables - Emplois stables
Ces deux calculs reviennent au même résultat.

Pour résumer, l'entreprise à besoin de ressources financières à long terme pour assurer ses investissements ET doit disposer d'un fond de roulement et de ressources à court terme pour financer son exploitation.

L'impact du numérique sur les relations d'échange de l'entreprise

Le digital et le numérique a provoqué un réel changement et engouement dans les entreprises qui ont investi dans les outils digitaux pour saisir des opportunités et optimiser les relations d'échange avec leur environnement.

Internet a permis d'obtenir d'énormes informations (que l'on appelle des données) des clients au profit des entreprises. Ces données sont des opportunités si elles sont bien exploitées.

Les entreprises doivent désormais développer de nouvelles compétences pour maitriser ces nouvelles technologies si elles souhaitent rester sur leur marché.

Il existe 2 relations d'échange avec les partenaires :

- Le phénomène de désintermédiation
C'est un nouveau mode de relation entre différents acteurs économiques. Par exemple, les entreprises d'e-commerce entretiennent avec leurs clients des relations directes sans intermédiaire. Les entreprises digitales éliminent tous les intermédiaires, de la conception à la distribution ce qui permet une relation de proximité et un contact direct avec le client.

- Le développement des places de marché et la ré-intermédiation
Une market place est une plate-forme digitale de mise en relation entre des vendeurs et des acheteurs moyennant une commission sur chaque vente (Amazon propose aux entreprises de vendre leurs produits sur son site moyennant une commission et aux acheteurs d'acheter ces produits). Ces entreprises peuvent profiter de la notoriété de la plateforme en ligne et de ses multi-fonctionnalités.
Il existe 3 types de marketplaces :
- B2C (business to consumer), ex : Amazon, UberEats)
- B2B (business to business), ex :   )
- C2C (consumer to consumer), ex : Facebook, Blablacar)

Le numérique se dématérialise donc. Cette dématérialisation consiste à transférer les données d'un support matériel à un support numérique.
Cela permet de gagner du temps, être plus efficace et obtenir à distance des informations en temps réel.

Certaines entreprises sont des pure player. C'est à dire que ces entreprises se développe UNIQUEMENT sur internet dans un secteur d'activité précis (exemple : Cdiscount).
Les charges itinérantes à ce genre d'entreprise sont donc plus faibles que les concurrents traditionnels (cela permet donc de proposer des prix beaucoup plus attractifs).

L'externalité de réseau :
Une externalité de réseau est défini comme un mécanisme d'externalité économique qui peut être positif ou négatif. C'est l'augmentation du nombre d'utilisateurs qui rend la plateforme plus performante et donc elle attire des services tiers qui attirent à leur tour des nouveaux utilisateurs.
La valeur d'un réseau est proportionnelle au nombre de ses participants. C'est un cercle vertueux.

L'accélération de l'accès à l'information :
Le digital a permis une accélération de l'accès à l'information. Pour les entreprises, cela a aussi son désavantage, elles sont confrontées à des remises en cause de leur réputation.
Le processus d'achat est complété par la consultation fréquente des avis en ligne.
Les entreprises doivent donc être attentive et multiplier les moyens pour protéger leur e-réputation et fidéliser les clients.

L'impact du numérique sur les modes de consommation et de production

Les modes de consommation ont évolué et désormais, au niveau du numérique, il existe deux économies :

- L'économie d'usage
Elle est également appelé « économie de fonctionnalité » est un principe qui s'est développé avec le développement durable. Les personnes n'ont plus l'envie, ni le besoin d'être propriétaire d'un bien mais préfère l'usage temporaire. Différentes plateformes digitales proposent un grand choix de produits à la location et les applications accélèrent cette tendance.

Les modèles qui reposent sur la location ou l'abonnement sont devenus des modes de consommation alternatifs à succès comme Deezer ou Netflix.
- L'économie collaborative

C'est un modèle économique basé sur l'échange et le partage entre particuliers.

Le digital a fortement accéléré ces modes de consommation alternatifs autour du partage. L'économie collaborative se développe aussi auprès des professionnels qui trouve un intérêt économique important (il optimise le matériel inutilisé par exemple).

Les entreprises rencontrent malheureusement des difficultés à recruter des candidats spécialisés dans les nouvelles technologies. (« ça tombe bien, nous y sommes :) »).
L'offre de formation dans ces domaines est récente et en pleine structuration.

Il existe différents modèles économiques digitaux :
- Le modèle freemium (elle est composé d'un service gratuit et la possibilité d'ajouter des fonctions payantes en premium).
- Le modèle par abonnement (les abonnements mensuel, trimestriel ou annuel sont réglé par le client en l'échange de d'un biens ou services rendus sur une base régulière).
- Le modèle free to play (ce modèle économique concerne les jeux qui sont téléchargeable librement et sans abonnement mais favorisent des micros-paiements destinés à acquérir de nouveaux contenus ou accéder à de nouvelles fonctionnalités.
- Le modèle de l'économie collaborative (les entreprises collaboratives ont construit leur modèle économique sur la mise en relation directe de tous les acteurs. Ces plateformes sont des intermédiaires sur lesquels les deux parties s'échangent un service contre de l'argent).
- Le modèle du yield management (c'est un système de tarification flexible en fonction de l'évolution de la demande et de la disponibilité de l'offre. Il est souvent utilisé dans les

transports en commun et l'hôtellerie. Si la demande est supérieure à l'offre, l'entreprise choisi donc de vendre à un prix plus élevé, et inversement, si l'offre est supérieure à la demande, alors il faut envisager de baisser les prix ou proposer des offres exceptionnelles.

Droit

L'intégration de l'entreprise dans son environnement

Comment les contrat sécurisent-ils les relations entre l'entreprise et ses partenaires ?

Un contrat est un accord de volonté destiné à produire des effets juridiques.
La volonté ou liberté contractuelle est simplement l'acception ou non ou la signature ou non d'un contrat.
Pour qu'il y ait réellement contrat, il doit y avoir au moins deux parties et l'acceptation et/ou la signature par ces deux parties.

Par exemple, une entreprise de bâtiment vend un service de rénovation intérieur à un particulier :
- L'entreprise (offreur) devra livrer et installer le matériel en temps et en heure.
- Le client (demandeur) devra payer l'entreprise.

Le principe de la représentation pour les personnes morales est une délégation de pouvoir qui pourra engager l'entreprise.

Les 3 conditions de validité d'un contrat sont :
- Consentement libre et éclairé
- Capacité à contracter
- Contenu licite et certain

S'il manque un élément, le contrat est nul.

Les définitions à connaitre :

Pourparlers :
Négociation qui précède la conclusion d'un contrat.

La rupture des pourparlers est libre sauf si elle est abusive ou de mauvaise foi.
Rupture des pourparlers :
La rupture est en principe libre sauf abusive et de mauvaise foi.

La vente est le contrat par lequel une personne, le vendeur, s'oblige à livrer une chose à un autre, l'acheteur, qui s'engage à payer.

Le louage de choses est le contrat par lequel l'une des parties (le bailleur) s'oblige à l'égard de l'autre (le preneur) à la faire jouir d'une chose pendant un certain temps, moyennant une rémunération, par exemple, le loyer.

Le prêt est le contrat par lequel l'une des parties, le prêteur remet une chose à l'autre, l'emprunteur pour qu'il s'en serve, à charge pour celui-ci de restituer la même chose.

Le contrat de travail est le contrat par lequel une personne, le salarié, s'engage à travailler sous ses ordres et pour le compte d'une autre, l'employeur contre rémunération.

Apprendre à analyser un contrat :

Vous aurez probablement un document à l'examen et vous devrez remplir ce même tableau.
Celui ci est un exemple :

Type de contrat	Contrat de travail à durée indéterminée (télétravail)
Objet du contrat	Mr Dugonnet, le salarié, s'engage à fournir le travail demandé et la société info-système s'engage à rémunérer le salarié.
Parties au contrat	- Société Info-système (Employeur) - Mr Dugonnet (Employé)

Caractéristiques du contrat	- Contrat à exécution successive, intuitu personae - Solennel - Bilatéral - A titre onéreux - D'adhésion - Individuel - Commutatif
Durée du contrat	Indéterminée
Obligations des parties Partie 1 (Employeur)	- Rémunérer le salarié - Fournir le matériel - Respecter sa vie privée - Respecter le code du travail - Déclarer à l'URSAFF - Congés payés (5 semaines)
Obligations des parties Partie 2	- Fournir le travail demandé - Respecter le matériel mise à disposition par l'entreprise
Clauses particulières	Les 2 parties conviennent expressément que tout litige pouvant naitre de l'exécution du présent contrat relèvera de la compétence du tribunal des prud'hommes.

Clause d'indexation :
Le cours des graines de cacao peut varier (à la hausse et à la baisse) pendant x mois/année.
Clause de négociation :
En cas de variation très importante du prix des fèves de cacao, les parties s'engagent à renégocier le prix/contrat.

Les différents contrats qui existent :

Contrats	Définitions	Exemple
Individuel	Contrat dont la conclusion n'engage que les parties et…	La plupart des contrats
Collectif	Contrat produisant des effets juridiques à l'égard de…	Convention collective du…
De gré à gré	Contrat dont le contenu est librement négocié par les…	Contrat de vente
D'adhésion	Contrat dont le contenu n'est pas discuté par les parties, mais imposé par un contractant…	Contrat bancaire Contrat d'assurance
Avec Intuitu personae	Contrat dont la qualité du cocontractant est d'une importance absolument…	Contrat mandat Contrat de société des…
Sans intuitu personae	Contrat dont la qualité du cocontractant importe peu…	Contrat de vente
Consensuel	Contrat formé par le seul échange des consentements sans aucune condition de…	Contrat de vente
Réel	Contrat dont la formation nécessite (en plus de l'échange des consentements) la remise de la chose.	Contrat de dépôt Contrat de prêt Contrat de gage Don manuel
Solennel	Contrat dont la formation nécessite un accord de volontés constaté dans un acte, sous peine de nullité.	Contrat d'hypothèque Contrat de donation Contrat de…
Unilatéral	Contrat faisant naitre des obligations à la charge d'une seule des parties. Une seule partie s'oblige à l'égard d'une…	La donation Seul le donateur s'oblige à donner.
A titre onéreux	Contrat en vertu duquel chaque partie reçoit une contrepartie de l'avantage qu'elle procure à…	Le contrat de vente

Tous droits réservés FICHES BTS MCO

A titre gratuit	Contrat par lequel une partie procure à l'autre un avantage	La donation
Commutatif	Contrat par lequel chaque partie s'engage à faire une chose qui est l'équivalent de ce	Contrat de vente Contrat d'échange
Aléatoire	Contrat par lequel chaque partie assume un risque de	Contrat de rente viagère
A exécution instantanée	Contrat dont l'exécution des obligations créées est mise en	Contrat de vente au comptant
A exécution successive	Contrat dont l'exécution successive s'échelonne dans le	Contrat de travail Contrat de bail

Les caractéristiques et la formation des contrats administratifs

Le contrat administratif est un contrat conclu entre une personne morale de droit public habilitée et une personne privée qui comporte des clauses exorbitantes de droit commun ou a pour objet l'exécution du service public.

Le contrat administratif peut porter sur des travaux, la fourniture de biens ou de services.

L'une des parties au contrat est une personne morale de droit public.

Un contrat administratif spécifique : Le marché public

Un marché public est un contrat conclu selon la procédure des marchés publics entre :
- Un opérateurs économiques publics ou privés
- Un pouvoir adjudicateur (l'état, un établissement public, une collectivité territoriale)

Tous droits réservés FICHES BTS MCO

L'objet du contrat porte sur soit :
- Les travaux
- Les fournitures
- Les services

Les appels d'offres :
Forme de marché public caractérisé par la sélection de l'opérateur économique à partir de critères permettant de déterminer l'offre la plus avantageuse économiquement après une publicité et une mise en concurrence.

Les deux obligations qui existent :
- De moyen (c'est une obligation en vertu de laquelle le débiteur doit déployer ses meilleurs efforts pour atteindre l'objectif visé).
- De résultat (c'est une obligation pour le débiteur d'atteindre un résultat précis).

Il existe différentes clauses :

Clause attributive de compétence	Disposition contractuelle dans laquelle les parties conviennent de confier le règlement d'un litige à une juridiction qui n'est pas légalement compétente pour en connaitre.
Clause de renégociation	Permet à chacune des parties d'exiger une nouvelle négociation lorsque qu'un événement bouleverse une des prestations.
Clause pénale	Clause contractuelle qui permet de déterminer à l'avance quelle sera la sanction pécuniaire.
Clause de réserve de propriété	Clause contractuelle qui assure au vendeur le paiement du prix de la marchandise.
Clause d'indéxation	Clause de contrat qui prévoit qu'un de ses éléments évoluera en fonction de l'évolution d'une autre donnée.
Clause limitative de responsabilité	Réduit les montants des dommages et intérêts dus en cas d'inexécution d'un contrat.
Clause résolutoire	En cas de manquement à une obligation contractuelle de l'une des parties, le contrat sera résilié de plein droit.

Les contrats entre l'entreprise et ses partenaires

Dans un premier temps, l'entreprise et son fournisseur participent à la négociation précontractuelle (= Pourparlers).
Ensuite, les parties :
- Ne sont pas d'accord

Donc il y a rupture de négociations ce qui entraine soit une rupture déloyale/abusive (responsabilité extracontractuelle), soit une rupture loyale/de bonne foi (ce qui met fin à la relation).
- Sont d'accord sur le prix et sur la chose (il y a donc une offre et une acceptation).

Toutes les conditions de validité sont réunies :
- Consentement libre et éclairé
- Capacité juridique
- Contenu licite et certain

Si une de ces conditions ne sont pas remplies, la sanction sera la nullité du contrat.
Le contenu avec avec toutes les clauses sont réunies :
- Clauses générales
- Clauses particulières

Les clauses abusives sont strictement interdites.
Ensuite, ce contrat provoquera des effets :
- Force obligatoire entre les parties
- Effets relatifs à l'égard des tiers
- Si il y a un manquement à une obligation, cela entrainera, une obligation forcée et une résolution ou une résiliation.

Résolution :
Anéantissement rétroactif du contrat. Le contrat est censé n'avoir jamais existé. La résolution concerne les contrats à exécution instantanée.

Résiliation :
Fin du lien contractuel pour l'avenir. La résiliation concerne donc les contrats à exécution successive.

Tous droits réservés FICHES BTS MCO

Les grandes divisions du droit

La règle de droit est divisé en deux branches :
- Le droit national
- Le droit international

Le droit national est divisé encore en deux branches :
- Le droit public (Constitutionnel, Administratif, Fiscal, Pénal)
- Le droit privé (Civil, Commercial, Travail, Social)

Le droit international est aussi divisé en deux branches :
- Public
- Privé

Le contrat électronique

Le commerce électronique est l'activité économique par laquelle une personne propose ou assure à distance et par voie électronique la fourniture de biens ou de services.
Le contrat électronique exige le support d'un contrat précédé d'une offre commerciale électronique.

Une offre commerciale électronique se définit comme une proposition qui comporte tous les éléments du contrat projeté, de telle sorte que l'acceptation suffit à former le contrat.

Les règles de droit commun pour le e-commerce sont :
- Proposition ferme de conclure
- Offre contenant les éléments essentiels du contrat et les conditions d'exécution
- Le délai de validité de l'offre doit être clair et précis

La loi protège le consommateur électronique avec :
- L'intrusion dans la vie privée du consommateur
- La nécessité d'un délai entre la commande et la livraison

- Le consentement donné par le consommateur sur la base de simples images ou vidéos
- L'éloignement du vendeur

Les obligations du cyber marchand ont pour objectif de protéger les cyber acheteurs comme :
- Respect de l'ordre public
- Respect de la vie privée
- Obligation de loyauté et de transparence
- Offrir un moyen de paiement sécurisé
- Respecter la date ou le délai de livraison
- Doit réparer, remplacer ou rembourser le produit en cas de défaut
- Doit informer l'acheteur en cas d'indisponibilité du produit, le rembourser ou le remplacer
- Doit exécuter le contrat dans un délai de 30 jours

Les obligations du cyber acheteur :
- L'obligation de retirement (il doit prendre la livraison de la chose).
- L'obligation de payer (il doit payer le prix au jour et lieu prévus dans le contrat de vente).
- Les garanties (en cas de produit non conforme, l'acheteur peut demander la réparation, ou le remplacement du bien. Il bénéficie de 4 garanties, légale de conformité du bien, légale des vices cachés, la garantie d'éviction et la garantie contractuelle).

Les risques d'intrusion liés à l'offre commerciale électronique nécessitent un cadre juridique protecteur. Il existe :
- La loi informatiques et libertés
- La loi pour la confiance dans l'économie numérique (LCEN)
- La directive européenne relative aux droits des consommateurs
- Les principes de l'opt-in et de l'ppt-out réglementés par les droits français et européen

La protection juridique de l'innovation de l'entreprise

Il existe différents types de propriété industrielle et intellectuelle. Comme par exemple :

Le brevet :
C'est un titre délivré par les pouvoirs publics qui permet à son propriétaire de bénéficier d'un monopole temporaire d'exploitation sur une invention ou un procédé. Le titulaire aura relevé son invention et aura revendiqué le monopole auprès de l'INPI, en ayant fait de cette invention une description complète et suffisante.
Le brevet protège une innovation technique, qui est un produit ou un procédé qui apport une nouvelle solution à un problème.
Pour déposer un brevet, il doit s'agir d'une invention nouvelle, impliquant une activité inventive et qui soit susceptible d'une utilisation industrielle.

Le secret de fabrique :
C'est un moyen de fabrication qui offre un intérêt pratique ou commercial et qui est utilisé dans une industrie, est tenu secret vis à vis du concurrent qui l'ignore (exemple : la recette Coca-Cola).

Le certificat d'obtention végétale :
C'est une création d'une nouvelle variété végétale qui se distingue de toute autre variété dont l'existence est connue à la date de dépôt de la demande.
Cette obtention vénérable doit être homogène et demeurer stable.

Les dessins et modèles :
Peut être protégé, l'apparence du produit ou d'une partie de produit, caractérisé en particulier par ses lignes, ses couleurs, ses formes, ses contours, ses textures ou ses matériaux.

Tous droits réservés FICHES BTS MCO

La marque de fabrique :
C'est un signe susceptible de représentation graphique servant à distinguer les produits ou services d'une personne physique ou morale. Elle est protégée pendant 10 ans renouvelables indéfiniment.

La base de données :
C'est un ensemble structuré de données enregistrées sur des supports accessibles par l'ordinateur.

Le droit d'auteur :
Il porte sur les œuvres de l'esprit (écrits, photos, partitions, logiciels,…). L'auteur bénéficie d'un d'un droit de propriété exclusif sur sa création, aussi bien en matière de droits moraux (divulgation) que patrimoniaux (droit d'exploitation de l'oeuvre).
Pour être protégées, ces créations doivent être originales et exprimées de façon tangible.

La propriété intellectuelle

Les différentes catégories de propriété intellectuelle sont : propriété littéraire et artistique (droit d'auteur, droit voisin)

Le régime des droits d'auteur est le droit moral et droit patrimonial.

Les enjeux de la protection industrielle a pour objet la protection et la valorisation des inventions, des innovations et des créations. Elle comprend notamment les brevets, les marques, les dessins et modèles industriels et les indications géographiques.

Le monopole d'exploitation est le droit patrimonial attaché au droit d'auteur. Il confère à l'auteur d'une œuvre de l'esprit et à ses héritiers durant les soixante-dix années suivant sa mort, le droit d'exploiter l'œuvre de manière exclusive et d'en tirer un profit pécuniaire.

La propriété intellectuelle est le domaine comportant l'ensemble des droits exclusifs accordés sur des créations intellectuelles. Elle comporte deux branches : la propriété littéraire et artistique, qui s'applique aux œuvres de l'esprit, est composée du droit d'auteur et des droits voisins.

	Brevet	Marque	Dessins et modèles
Durée	20 ans	10 ans	5 ans

La protection par le droit de la propriété industrielle concerne principalement les marques, brevets et dessins et modèles. Pour ces types de créations, la protection sur le territoire français nécessite l'obtention d'un titre de propriété auprès de l'Institut National de Propriété Intellectuelle (INPI). Il est alors nécessaire de respecter les étapes du dépôt de marque ou les étapes du dépôt de brevet.

L'Institut national de la propriété industrielle (INPI) est un établissement public dépendant du ministère de l'économie. ... En France, l'INPI joue un rôle essentiel dans la propriété industrielle. Il est l'organisme qui gère à titre de compétence exclusive les brevets, les marques et les dessins et les modèles.

Tous droits réservés FICHES BTS MCO

La contrefaçon est reproduire un modèle déposé (marque Gucci par exemple).

Pour mettre en oeuvre un action en contrefaçon, il faut saisir le tribunal et montrer que l'on a déposé l'objet.
Saisies, publications du jugement.

L'action en contrefaçon est utilisé quand on a déposé l'objet ou la marque et l'action en concurrence déloyale est une action en responsabilité (montrer qu'il y a un fait, un dommage ou un lien de causalité).

La propriété industrielle

Les innovations de cette entreprise sont des roues crantées qui offre une démultiplication de force. Ils ont innover l'invention initial.

« La PME du Loiret doit son existence à une invention » car il l'ont inventer, exploiter et revendu.

Il faut protéger ses innovations et sa marque grâce aux brevet car cela contribue à la richesse de l'entreprise.

Le brevet permet de se démarquer de la concurrence et de préserver sa compétitivité car l'entreprise ayant déposé le monopole d'exploitation et donc obliger à innover.

<u>Le brevet :</u>

Les conditions auxquelles doit répondre l'innovation pour faire l'objet d'un brevet sont :
- Nouvelle innovation technique
- Impliquer une activité intensive
- Susceptible d'application industrielle

L'innovation consiste à apporter un progrès, améliorer le quotidien.

Ces innovations peuvent être protégeables car c'est nouveau et fait l'objet d'une innovation inventive.

La TPE Carmina remplit bien les conditions pour breveter son innovation.

L'entreprise Valeo passe sont temps à innover, déposer des brevets qui concède ensuite des licences pour utiliser les produits.

L'absence du dépôt de brevet ne dispose d'aucun droit pour celui qui l'a créé, un autre personne peut librement reprendre le produit ou service.

Un dépôt de brevet apporte pour l'entreprise une sécurité et apporte un monopole d'exploitation.

La marque :

Une marque peut être un logo, un slogan, une couleur, un mot, un groupe de mots,..

Les quatre critères de validité d'une marque sont :
- Marque nouvelle
- Pas de risque de confusion
- Doit être distinctive
- Ne doit pas être déceptive

La marque « La Cote Argus » ne peut être déposée car elle fait référence à l'argus.

Une entreprise avec sa marque peut soit faire une cession (vendre) soit une concession (location de la marque).

Les enjeux de la propriété industrielle sont une source de revenu pour l'entreprise, une source de croissance plus importante, une source d'investissement.

Obligations en matière de protection des données personnelles

Une donnée personnelle s'agit de toutes informations se rapportant à une personne physique identifiée ou identifiable, directement ou non, grâce à un identifiant ou à un ou plusieurs éléments propres à son identité.
Il peut s'agir :
- D'un nom
- D'un prénom
- D'une adresse électronique
- D'une localisation
- D'une photo
- Etc

Le règlement concerne donc les responsables de traitement (les entreprises, les administrations, associations) et leurs sous traitants (hébergeur, intégrateurs de logiciels, etc…).

Les données personnelles doivent être :
- Traitées de manière licite, loyale et transparente et collectées pour des finalités déterminées
- Explicite et légitime
- Adéquate, pertinente et limitée aux finalités du traitement
- Exacte et tenue à jour
- Conservé de façon temporaire et sécurisée

Le RGPD (règlement sur la protection des données) désigne les règles concernant le traitement et la libre circulation des données à caractère personnel des personnes physiques résidant au sein de l'Union européenne.

Les différents principes sont :
- Ces données doivent être sécurisées
- Les personnes physiques ont un droit de regard sur l'utilisation de leurs données
- Les entreprises qui traitent ces données sont garante du respect de la réglementation

Les droits sont :
- La personne physique doit donner son consentement au traitement de ses données. Elle peut se retirer à tout moment.
- Les droits à l'accès, à l'objection, à la rectification et à la limitation des données sont renforcées.
- Le droit à la portabilité permet de demander la transmission des données à un nouveau responsable de traitement.

Les sanctions peuvent être lourde. Si il y a une faille de sécurité et/ou de violation de données. L'entreprise encourt jusqu'à :
- 10 millions d'euros d'amende pour un retard de notification
- 20 millions d'euros en cas de manquement au RGPD

Le rôle de la CNIL (Commission nationale informatique et libertés) a 6 missions principales comme recenser les fichiers, contrôler, réglementer, instruire les réclamations, informer et garantir.

Tous droits réservés FICHES BTS MCO

Le statut juridique de son entreprise

Il faut répondre à différents critères. Premièrement :
- La volonté de s'associer

Le choix du statut juridique d'une entreprise dépend, tout d'abord, du nombre de personnes contribuant au projet de création d'entreprise. Lorsque le porteur de projet souhaite travailler seul, il pourra opter pour les statuts juridiques suivants :
- Auto-entreprise
- Entreprise individuelle
- Entreprise individuelle à responsabilité limitée
- Entreprise unipersonnelle à responsabilité limitée
- Société par actions simplifiée unipersonnelle

Deuxièmement, nous devons nous interroger sur la protection du patrimoine. Lorsque l'entrepreneur dispose d'un patrimoine privé qu'il souhaite mettre à l'abri des aléas de son activité professionnelle, il peut s'orienter vers :
- Une structure en nom propre (comme l'EIRL, l'auto-entreprise)
- Une forme sociétale (la responsabilité est limitée au montant des apports, comme la SARL ou l'EURL, la SAS ou la SASU, la SA,…)

En numéro 3, l'ampleur du projet.
Certains statuts juridiques sont plus appropriés que d'autres en fonction de la dimension de projet. Par exemple, les sociétés qui nécessitent des investissements importants sont généralement envisagés au sein de sociétés de capitaux comme la société par actions simplifiée (SAS) ou la société anonyme (SA).

Le critère numéro 4 est le régime social du dirigeant.
Chaque statut correspond à un régime social. Il peut être salarié ou non de l'entreprise.

S'il choisi par exemple, une SARL, le dirigeant sera considéré comme salarié de son entreprise et sera imposé à l'I.R (impôt sur le revenu).
S'il choisi une entreprise individuelle, il sera considéré comme non salarié et cotisera aux caisses spéciales (SSI, anciennement RSI).

En 5, il faudra choisir le régime fiscal de l'entreprise.
Il choisira soit :
- IR (impôt sur le revenu)
Les sociétés soumises à l'impôt sur le revenu sont l'EURL, l'entreprise individuelle, l'EIRL ou la SNC mais avec possibilité de passer à l'IS pour certaine.
L'IR sera imposé sur les bénéfices de l'entreprise avec la TMI (tranche marginale d'imposition).
- IS (impôt sur les sociétés)
Dans ce cas ci, ce sera la société qui s'acquittera de l'impôt en fonction du bénéfice, également sous forme de tranche mais différente.
Si l'entreprise réalise entre 0 et 38120€ de bénéfice, elle paiera 15% d'impôts.
Entre 38120 et 500000€, 28%.
Et si elle réalise plus de 500000€, elle paiera, 33,1/3% d'impôts.

Les différentes structures et leurs principales caractéristiques

Type de structure	Caractéristiques
Entreprise individuelle	Création et gestion facile, pas de capital minimum requis. Dirigeant totalement autonome. L'entreprise n'est pas dissociée de l'entrepreneur. L'entrepreneur est seul et ne peut être salarié. Il est responsable des dettes sur l'ensemble de ses biens.
EURL	L'entrepreneur est seul. Il ne peut être salarié de son entreprise. Création et gestion faciles par un gérant. Pas de capital minimum. Responsabilité de l'entrepreneur limitée à ses apports. Forme juridique plutôt adaptée aux PME.
SARL	Présence d'un contrat de société : 2 associés jusqu'à 100 max. Pas de capital minimum requis. Création et gestion faciles par un ou des gérants. L'entrepreneur peut être salarié s'il est gérant minoritaire (moins de 50% du capital). Responsabilité de l'entrepreneur limitée à ses apports (sauf demande de caution en cas de prêt). Forme juridique plutôt adaptée aux PME.
SNC	Présence d'un contrat de société : pas de capital minimum. Nécessite une totale confiance entre associés. Responsabilité solidaire et illimitée de tous les associés. Création facile. Gérée par un ou plusieurs gérants.

Tous droits réservés FICHES BTS MCO

SA	Présence d'un contrat de société : capital minimum de 37000€. 7 associés minimum, pas de maximum. Peut faire appel public à l'épargne. Structure favorable aux entreprises importantes ou qui veulent fortement se développer. Création et gestion lourdes et couteuses : gérée par un conseil d'administration ou de surveillance.
SAS	Présence d'un contrat de société : 2 associés minimum (un seul pour une SASU) ; pas de capital minimum. Structure très souple, se gère selon le contrat passé entre les associés. Ne peut pas faire appel public à l'épargne. Peut permettre un développement rapide.
Entreprise coopérative	Les salariés sont aussi les associés, ils apportent le capital. Elle fonctionne selon un principe démocratique : 1 personne = 1 voix, avec un partage des bénéfices en fonction de l'activité et une responsabilité limitée en général.

Vous pouvez écrire votre résumé pour cette matière ici :

Tous droits réservés FICHES BTS MCO

Développement de la Relation Client et Vente Conseil

Cette épreuve de DRC (Développement de la Relation Client et Vente Conseil) a un coefficient de 3. Cette épreuve est notée via des fiches missions et un entretien oral (mais ce n'est pas obligatoire si vous êtes en CCF).

Si vous n'êtes pas en CCF donc en examen ponctuel, vous aurez un entretien oral de 30 minutes mais je mets des « » car cela dépendra de votre école.

Vous aurez un jury de deux personnes en général.

Ces fiches missions sont retranscrite dans un dossier qui résumeront des activités professionnelles vécues.

Il n'y a aucune difficultés dans cette épreuve et vous vous devez de la réussir en raison de son coefficient.

Voici l'objectif de cette matière/épreuve :

Thème	Objectifs
Assurer la veille informationnelle	Mettre à jour l'information Mobiliser les ressources numériques Sélectionner, hiérarchiser, analyser et exploiter l'information

Méthodes des fiches d'activités

Voici ci-dessous un exemple de fiche d'activité pour le DRC :

Fiche d'activité n°	
Nom :	Entreprise :
Prénom :	Période de réalisation :
Unité commerciale / Contexte de l'activité	
Domaine d'activité :	Compétence :
Situation observée :	Situation vécue :

Contexte professionnel :
- Description de l'entreprise, de l'unité commerciale, dates et périodes de réalisation, contexte de réalisation (événement calendaire), raisons du choix de l'activité, éléments spécifiques à prendre en compte, etc...

Objectifs poursuivis :- Définir les objectifs qualitatifs et quantitatifs de l'activité pour l'étudiant- Définir les objectifs qualitatifs et quantitatifs de l'activité pour l'entreprise - Réaliser des hypothèses hausses et basses (non obligatoire)

Méthodologie utilisée :- Décrire les différentes étapes de l'activité- Structure la méthodologie en 3 parties : avant / pendant / après - Présenter les méthodes et outils utilisés

Moyen de mis en œuvre :- Lister les moyens humains, matériels et financiers- Lister les procédures et obligations à respecter- Lister les ressources et outils utilisés pour une activité physique - Rappeler la période et la durée de la mission / activité- Lister les ressources et outils utilisés pour une activité virtuelle

Annexes :- Apporter des documents annexes complémentaires à l'activité

Analyser et mesurer la valeur client

Sans client, pas d'entreprise, et donc celui-ci constitue le point nodal de toute stratégie marketing. Puisque c'est lui qui achète votre produit ou service, il est vital de le connaître, de le segmenter, d'analyser son comportement d'achat, de prédire son comportement futur. En somme, de l'acquérir et de le retenir, de le fidéliser. Tour d'horizon de la valeur client, de ses enjeux pour l'entreprise et des leviers pour l'accroître.

La CLS ou Customer Lifetime Value
La Customer Lifetime Value ou la valeur vie d'un client en français, correspond à un indicateur qui modélise les profits réalisables par une entreprise selon les résultats obtenus avec ses clients. Cet indicateur permet finalement d'aider à la décision pour ce qui est de la stratégie commerciale et/ou stratégie marketing à avoir.

Comment calculer la valeur long terme des clients?

Total des revenus générés par les clients
X
Coûts d'acquisition des clients
= Valeur vie

Améliorer la rentabilité et la valeur client
- Communiquer davantage sur l'entreprise : faire du bouche à oreille, être visible sur les réseaux sociaux, etc…
- Faire du cross-selling / des ventes croisées ou Up-selling pour améliorer le CA par client.

Développer la relation commerciale

La relation commerciale représente l'ensemble des contacts et l'ensemble des échanges entre une entreprise et un consommateur sur une durée spécifique.
L'objectif de l'entreprise est de maintenir la relation commerciale avec le consommateur pour développer le cycle de valeur avec ce dernier.

Les enjeux de la relation commerciale

Conserver et dynamiser la relation commerciale pour une entreprise est important car elle présente différents enjeux pour sa pérennité :

- Dynamiser la fidélisation : le client est plus fidèle et consomme plus.
- Satisfaire le client : le client est satisfait et sera plus apte à recommander l'entreprise.
- Connaitre le client : l'entreprise est capable de mieux connaitre le client selon les données récoltées au fil du temps.Les phases de la relation commerciale
- Préparer la vente: dans cette première étape on cherche à préparer la vente. Pour cela l'entreprise / le vendeur utilise des outils et des méthodes de vente spécifiques et aménage l'espace de vente de son entreprise pour séduire le client.
- La vente : c'est le moment ou l'entreprise / le vendeur réalise l'acte de vente avec le consommateur.
- L'après-vente : l'entreprise / le vendeur mesure la satisfaction du client suite à son achat. Il met en place des méthodes permettant de récolter des données.

Le processus d'achat du client

On peut définir le processus d'achat comme toutes les étapes que va emprunter un consommateur et qui vont utilement le mener à la prise de décision. Que ce soit en ligne ou en magasins physiques, comprendre le comportement du consommateur est d'une importance cruciale pour les sociétés.

Découvrez dès à présent les 5 étapes clés du processus d'achat des consommateurs!

1 — La prise de conscience du problème
2 — La recherche des informations
3 — La comparaison et l'évaluation des offres disponibles
4 — La phase de décision et d'acte de l'achat
5 — L'évaluation après l'achat

Le marketing après la vente

Le marketing post-conversion regroupe l'ensemble des stratégies marketing qui visent à fidéliser les clients existants. En fait, une conversion réussie n'est que la première étape. Une fois qu'un client a effectué un premier achat, votre objectif est qu'il revienne passer une nouvelle commande sur votre boutique en ligne. Si vous restez présent dans l'esprit de vos clients, vous augmentez les chances qu'ils se transforment en clients fidèles. Autrement dit, le secret du marketing post-conversion est d'instaurer une relation durable avec vos clients. C'est pourquoi le marketing post-conversion fait souvent partie du service après-vente et donc de la gestion de la relation client (CRM).

Il existe de nombreuses stratégies de fidélisation client :

- Marketing par e-mail (newsletter, etc.) ;
- Marketing sur les réseaux sociaux (concours, promotions, etc.) ;
- Enquêtes de satisfaction.

Dès qu'un client a effectué un premier achat, vous pouvez mettre en place une stratégie pour le fidéliser. Proposez-lui par exemple de s'inscrire à votre newsletter ou de vous suivre sur les réseaux sociaux. Ce type de marketing post-conversion peut être directement inclus dans l'e-mail de confirmation de commande. Pour d'autres actions il est parfois préférable d'attendre quelques semaines ou de les répéter régulièrement.

Les outils et les techniques de vente

Les outils et les techniques de vente sont un ensemble de moyen permettant à un vendeur de réussir au mieux une vente avec un client. Ces moyens et ces outils peuvent être utilisés avant la vente afin de la préparer en amont ou bien pendant que cette dernière se déroule.La méthode SONCASLa méthode SONCAS permet d'identifier les besoins d'un client en se basant sur son profil, sa personnalité et ses critères de recherches. Chaque lettre de l'acronyme SONCAS correspond aux principales motivations d'achat du client :

Motivation	Definition
Sécurité	Le client exprime un besoin de sécurité autour de ce qu'il recherche. Il a besoin de quelque chose qui pourra le rassurer.
Orgueil	Le client exprime un besoin d'être différent et de posséder quelque chose que tout le monde n'a pas. Il faut que cela soit un produit rare et exceptionnel.
Nouveauté	Le client exprime un besoin de nouveauté, il cherche quelque chose qui est moderne, récent et actuel.
Confort	Le client exprime un besoin de confort dans ce qu'il recherche. Il veut que ce soit pratique, ergonomique et intelligent.

Argent	Le client exprime un besoin lié à l'argent. Il est prêt à dépenser la somme nécessaire ou a un budget très précis.
Sympathie	Le client montre qu'il fait avant tout confiance au vendeur et qu'il se base sur son expertise pour le guider dans son achat.

En fonction des motivations détectées grâce à la méthode SONCAS lors d'un entretien de vente avec un client, le vendeur doit s'adapter et répondre en proposant des produits en lien avec les motivations d'achat du client.

La méthode CAP

La méthode CAP pour Caractéristiques, Avantages et Preuves, est un mécanisme qui permet de montrer les bénéfices d'un produit à un client en 3 étapes. Cette méthode s'utilise au moment de présentation d'un produit au client.

Etapes	**Définition**
Caractéristiques	Le vendeur présente les caractéristiques du produit au client.
Avantages	Le vendeur présente les avantages du produit au client.
Preuves	Le vendeur montre aux clients les avantages du produit avec une preuve concrète.

La fiche produit

La fiche produit représente le descriptif du produit. Cette fiche est souvent modélisée à travers une feuille 14 recto-verso, qui présente toutes les informations du produit: composition, référence, description, caractéristiques techniques, etc…

Cette fiche produit est destinée au vendeur car elle permet de l'informer sur un produit / service en amont. Elle n'est pas destinée au client.

Les étapes de la vente

Avoir un plan de vente est essentiel pour mener à bien une démarche commerciale.
C'est une manière de coordonner ses arguments, de démarrer les prospections des clients afin de définir au mieux votre stratégie, et de parvenir à la vente. Lorsque vous vous entretenez avec votre prospect ou votre cible potentielle, vous étalez votre marque, vous démontrez votre expertise. Pour aboutir à une relation commerciale de qualité, un commercial doit franchir 7 étapes de la vente.

Etapes	Signification
La prise de contact	Ce moment est crucial pour vous présenter, démontrer vos expertises et exposer les enjeux de la vente. La prise de contact est chose facile si vous disposez déjà d'une base de données client.
Analyser les besoins de son client	Sachez qu'avant d'acheter vos produits, les consommateurs doivent être sûrs qu'ils ont choisi la bonne marque, le bon prestataire.
L'argumentaire	Une fois que vous avez cadré votre processus commercial en analysant les besoins de votre prospect, vous pouvez désormais vous adonner à votre argumentation commerciale.

Tous droits réservés FICHES BTS MCO

Objections commerciales	Lorsque votre prospect émet des objections par rapport à votre offre, vous devez prendre cela pour un intérêt pour votre produit. Malheureusement, les commerciaux sont rares à être capables de répondre correctement à ces objections commerciales.
La négociation	C'est une étape où le commercial va présenter le prix de son offre. En tant que tel, il doit donc défendre ce prix. Il faut garder en tête que le prix n'est pas le plus important en relation commerciale.
Conclusion	Lorsque vous sentez que votre interlocuteur s'intéresse à votre produit, vous pouvez le projeter dans le futur, et pourquoi pas jouer sur l'urgence afin de lui prétexter qu'il s'agit d'une offre spéciale et que s'il attend, il pourrait s'attendre à une rupture de stock.
Mantien de la relation	Sachez d'ailleurs que fidéliser un client est 6 fois moins cher que l'acquisition de nouveaux clients, sans parler des avantages que peuvent vous apporter ces clients fidèles : tout simplement une nouvelle clientèle !

Le contrat de vente

Le contrat de vente est un document formel qui définit les obligations et les droits des parties impliquées dans une transaction commerciale. Il est généralement utilisé pour formaliser la vente de biens tangibles tels que des maisons, des voitures ou des meubles, mais peut également être utilisé pour la vente de services.

Un contrat de vente typique comprendra les informations suivantes:

1. Identification des parties: les noms et adresses des vendeurs et des acheteurs sont généralement inclus dans le contrat.
2. Description du bien ou du service: une description détaillée du bien ou du service qui est vendu doit être incluse dans le contrat.
3. Prix: le montant total à payer pour le bien ou le service doit être clairement indiqué dans le contrat.
4. Modalités de paiement: les modalités de paiement, telles que les délais et les méthodes de paiement, sont généralement incluses dans le contrat.
5. Date de livraison: la date à laquelle le bien ou le service sera livré à l'acheteur doit être clairement indiquée dans le contrat.
6. Garantie: si le vendeur offre une garantie sur le bien ou le service, les termes de cette garantie doivent être inclus dans le contrat.
7. Clause de résiliation: cette clause définit les conditions dans lesquelles le contrat peut être annulé.

Il est important de noter que les lois en matière de contrats de vente varient d'un pays à l'autre et qu'il est souvent recommandé de consulter un avocat pour s'assurer que le contrat respecte les lois locales.

En général, le contrat de vente est un document essentiel pour formaliser une transaction commerciale et protéger les intérêts de toutes les parties impliquées.

Le chiffre d'affaires prévisionnel

Le chiffre d'affaires prévisionnel est une estimation du montant total des ventes qu'une entreprise prévoit de réaliser au cours d'une période donnée, généralement un trimestre ou un exercice financier complet. Cette projection est souvent utilisée par les entreprises pour élaborer leur plan d'affaires et évaluer la performance financière future de l'entreprise.

Le chiffre d'affaires prévisionnel est généralement basé sur les performances financières historiques de l'entreprise, ainsi que sur des facteurs externes tels que l'économie globale, la concurrence, les tendances du marché et les projets futurs de l'entreprise.

Pour établir un chiffre d'affaires prévisionnel précis, les entreprises utilisent souvent différentes méthodes, telles que :

1. Analyse historique: cette méthode implique l'examen des ventes passées de l'entreprise pour déterminer une tendance et prévoir les ventes futures.
2. Modèles de projection: ces modèles peuvent inclure des approches statistiques telles que la régression pour prévoir les ventes futures.
3. Évaluation du marché: cette approche implique la recherche de données sur les tendances du marché et la concurrence pour évaluer la performance future de l'entreprise.

Une fois établi, le chiffre d'affaires prévisionnel peut être utilisé pour élaborer un budget et un plan financier, ainsi que pour évaluer la performance future de l'entreprise et prendre des décisions informées en matière de stratégie et d'investissement.

Il est important de noter que le chiffre d'affaires prévisionnel est une estimation basée sur des données et des hypothèses, et peut varier en fonction de facteurs incontrôlables tels que les fluctuations du marché et les conditions économiques.

Les entreprises doivent donc continuer à surveiller leur performance financière et à ajuster leur chiffre d'affaires prévisionnel au besoin pour maintenir une précision maximale.

Tous droits réservés FICHES BTS MCO

Analyser la concurrence

L'analyse de la concurrence est une étude approfondie des entreprises concurrentes dans un marché donné. Cela peut aider une entreprise à comprendre sa propre position sur le marché, à identifier ses forces et ses faiblesses par rapport à ses concurrents.

Voici les étapes à suivre pour réaliser une étude de la concurrence :

1. Identifier les concurrents : Déterminez les entreprises qui offrent des produits ou des services similaires à ceux de votre entreprise sur le marché cible.
2. Collecter des informations : Recueillez autant d'informations que possible sur les entreprises concurrentes, telles que leur taille, leur histoire, leur produit, leur positionnement sur le marché, etc.
3. Évaluer la force concurrentielle : Évaluez la force de chaque concurrent en termes de leur part de marché, leur positionnement sur le marché, leur image de marque, leur capacité à produire des produits de qualité, etc.
4. Étudier les stratégies concurrentielles : Analysez les stratégies mises en œuvre par les concurrents, telles que les prix, la distribution, la promotion, la qualité des produits, etc.
5. Déterminer les opportunités et les menaces : Identifiez les opportunités et les menaces pour votre entreprise en fonction des forces et des faiblesses de vos concurrents.
6. Élaborer une stratégie concurrentielle : Elaborez une stratégie qui vous permette de différencier votre entreprise de ses concurrents et d'en tirer le meilleur parti.

Il est important de noter que l'analyse de la concurrence est un processus continu et que les entreprises doivent la mettre à jour régulièrement pour tenir compte des changements sur le marché.

Tous droits réservés FICHES BTS MCO

Vous pouvez écrire votre résumé pour cette matière ici :

Tous droits réservés FICHES BTS MCO

Animation et Dynamisation de l'Offre Commerciale

Cette épreuve ADOC (Animation et dynamisation de l'offre commerciale) a un coefficient de 3 (exactement comme DRC). Cette épreuve est notée via des fiches missions et un entretien oral (mais ce n'est pas obligatoire si vous êtes en CCF).

Si vous n'êtes pas en CCF donc en examen ponctuel, vous aurez un entretien oral de 30 minutes mais je mets des « » car cela dépendra de votre école.

Certaines écoles additionnent le coefficient de cette épreuve avec l'épreuve de DRC.

Vous aurez un jury de deux personnes en général.

Ces fiches missions sont retranscrite dans un dossier qui résumeront des activités professionnelles vécues.

Il n'y a aucune difficultés dans cette épreuve et vous vous devez de la réussir en raison de son coefficient.

Voici l'objectif de cette matière/épreuve :

Fiche d'activité n°

Nom :	Entreprise :
Prénom :	Période de réalisation :

Unité commerciale / Contexte de l'activité

Domaine d'activité :	Compétence :
Situation observée :	Situation vécue :

Contexte professionnel :
- Description de l'entreprise, de l'unité commerciale, dates et périodes de réalisation, contexte de réalisation (événement calendaire), raisons du choix de l'activité, éléments spécifiques à prendre en compte, etc...

Objectifs poursuivis : - Définir les objectifs qualitatifs et quantitatifs de l'activité pour l'étudiant - Définir les objectifs qualitatifs et quantitatifs de l'activité pour l'entreprise - Réaliser des hypothèses hausses et basses (non obligatoire)

Méthodologie utilisée : - Décrire les différentes étapes de l'activité - Structure la méthodologie en 3 parties : avant / pendant / après - Présenter les méthodes et outils utilisés

Moyen de mis en œuvre : - Lister les moyens humains, matériels et financiers - Lister les procédures et obligations à respecter - Lister les ressources et outils utilisés pour une activité physique - Rappeler la période et la durée de la mission / activité - Lister les ressources et outils utilisés pour une activité virtuelle

Annexes : - Apporter des documents annexes complémentaires à l'activité

Tous droits réservés FICHES BTS MCO

Les négociation commerciales

Les négociations commerciales sont un processus formel ou informel de communication entre deux ou plusieurs parties dans le but de parvenir à un accord sur les termes d'une transaction commerciale. Elles peuvent concerner des produits, des services, des prix, des conditions de livraison, des paiements, des garanties, des droits de propriété intellectuelle, etc. Les négociations peuvent se dérouler entre des entreprises, des gouvernements, des syndicats, des organisations non gouvernementales, etc.

Lors des négociations commerciales, les parties impliquées discutent de leurs besoins et de leurs intérêts respectifs, et cherchent à trouver des solutions qui satisfassent les deux parties. Cela peut nécessiter des compromis, des concessions et des adaptations. Les négociateurs peuvent utiliser des techniques de persuasion, de négociation, de médiation, de compromis, etc. pour parvenir à un accord.

L'objectif final des négociations commerciales est de signer un contrat ou un accord qui définit les termes de la transaction et les obligations des parties impliquées. Les négociations peuvent échouer si les parties ne parviennent pas à se mettre d'accord, mais dans ce cas, elles peuvent souvent continuer à négocier pour trouver une solution acceptable pour toutes les parties.

La politique commerciale

La politique commerciale désigne l'ensemble des décisions et des mesures prises par les gouvernements et les organisations internationales pour réglementer et influencer les transactions commerciales à l'intérieur et à l'extérieur de leurs frontières. Elle peut inclure des mesures telles que des barrières tarifaires (taxes sur les importations), des subventions à l'exportation, des restrictions quantitatives (quotas sur les importations), des politiques de change (fixation du taux de change), des normes techniques, des politiques de protection de la propriété intellectuelle, etc.

La politique commerciale a pour but de protéger les intérêts économiques nationaux, de favoriser la croissance économique, de promouvoir la concurrence, de défendre les droits des consommateurs, de préserver la souveraineté nationale, de réglementer les flux de biens et de services, etc. Elle peut également jouer un rôle important dans les relations internationales et peut être utilisée comme outil diplomatique pour promouvoir les politiques étrangères.

La politique commerciale est souvent controversée et peut être source de conflits entre les gouvernements et les différents acteurs économiques.

Les biens et services d'une entreprise

Les biens et les services sont les produits ou les prestations que les entreprises proposent à leurs clients pour répondre à leurs besoins.
Les biens sont des produits matériels que les entreprises produisent et vendent. Ils peuvent être des produits manufacturés, tels que des ordinateurs, des téléphones portables, des vêtements, etc., ou des produits agricoles, tels que des fruits et des légumes.

Les biens sont généralement achetés par les consommateurs pour leur usage personnel ou pour les utiliser dans leur activité professionnelle.

Les services sont des prestations non matérielles que les entreprises fournissent à leurs clients. Ils peuvent inclure des services financiers, tels que les banques et les assurances, des services de santé, tels que les médecins et les hôpitaux, des services de transport, tels que les compagnies aériennes et les taxis, des services de communication, tels que les fournisseurs de télécommunications, etc. Les services sont souvent personnalisés et adaptés aux besoins individuels des clients.

Les entreprises peuvent proposer un mélange de biens et de services pour répondre aux besoins de leurs clients. Par exemple, une entreprise de télécommunications peut vendre des téléphones portables et fournir des services de télécommunication. Les biens et les services proposés par une entreprise dépendent de son secteur d'activité, de sa stratégie commerciale, de son marché cible.

Protéger juridiquement sa marque

Pour protéger juridiquement votre marque, vous pouvez adopter les mesures suivantes :

1. Enregistrez votre marque : Vous pouvez enregistrer votre marque auprès de l'Office de la propriété intellectuelle dans votre pays ou au niveau international.
2. Surveillez votre marque : Il est important de surveiller régulièrement l'utilisation de votre marque pour détecter tout usage non autorisé.
3. Défendez votre marque : Si vous constatez que votre marque est utilisée de manière non autorisée, vous devez rapidement agir pour la défendre.
4. Utilisez correctement votre marque : Il est important d'utiliser correctement votre marque pour éviter de la diluer ou de la rendre vulnérable aux attaques en justice.

5. Envisagez une protection internationale : Si vous opérez sur plusieurs marchés internationaux, il peut être utile d'envisager une protection internationale pour votre marque.

Il est important de noter que la protection juridique de la marque dépend des lois et des règles en vigueur dans le pays où vous opérez. Il est donc conseillé de consulter un avocat spécialisé en propriété intellectuelle pour vous aider à protéger votre marque de manière efficace.

Organiser une animation commerciale

Organiser une animation commerciale réussie peut aider à promouvoir votre entreprise et à augmenter vos ventes. Voici les étapes à suivre pour organiser une animation commerciale :

1. Définir vos objectifs : Il est important de savoir ce que vous voulez accomplir avec votre animation commerciale.
2. Choisir le lieu : Le choix du lieu dépend de vos objectifs et de votre marché cible.
3. Déterminer le budget : Déterminer le budget est important pour déterminer la taille et la qualité de l'animation commerciale que vous souhaitez organiser.
4. Choisir les produits à promouvoir : Si vous souhaitez promouvoir un produit en particulier, il est important de le choisir avec soin.
5. Créer un plan d'action : Vous devez planifier les activités de votre animation commerciale, telles que les démonstrations de produits, les concours, les jeux, etc.
6. Évaluation des résultats : Après l'animation commerciale, il est important d'évaluer les résultats.

La communication média et hors média

La communication média désigne l'utilisation de canaux de communication formels pour diffuser un message à un large public. Les canaux de communication média incluent la télévision, la radio, les journaux, les magazines, les sites web et les réseaux sociaux. La communication média est souvent utilisée pour atteindre un grand nombre de personnes rapidement et efficacement.

La communication hors média, également appelée communication hors ligne ou communication de rue, désigne les moyens de communication qui ne passent pas par des canaux formels ou traditionnels. Cela peut inclure les événements en direct, les distributions de dépliants, les promotions de rue, les activités de relations publiques, les affichages publics, les jeux concours, etc. La communication hors média est souvent utilisée pour établir une interaction directe avec les consommateurs et pour développer une relation plus personnelle avec eux.

En général, la communication média et hors média sont utilisées de manière complémentaire pour atteindre les objectifs de communication d'une entreprise.

Mesurer les performances des linéaires des produits

Il existe plusieurs méthodes pour mesurer les performances des linéaires des produits, qui dépendent du but et des objectifs de l'analyse. Voici quelques-unes des méthodes les plus courantes :
1. Taux de rotation des produits : Il s'agit du nombre de fois où un produit est vendu et remplacé dans un linéaire au cours d'une période donnée.

2. Analyse de la vente : Cette méthode consiste à suivre les ventes d'un produit dans un linéaire au cours d'une période donnée.
3. Surveillance de la concurrence : Il s'agit de surveiller les produits concurrents et leurs performances dans les linéaires des magasins.
4. Évaluation visuelle : Cette méthode consiste à observer visuellement les linéaires pour évaluer la présentation et la qualité des produits.
5. Enquêtes auprès des consommateurs : Cette méthode consiste à interroger les consommateurs sur leurs opinions et leurs comportements d'achat.

Il est important de noter que pour obtenir une image complète et fiable des performances des linéaires des produits, il est souvent nécessaire de combiner plusieurs de ces méthodes pour obtenir une vue d'ensemble complète.

Les stratégies de distribution

Les stratégies de distribution déterminent comment une entreprise va atteindre ses clients et les fournir avec ses produits ou services. Voici quelques-unes des stratégies de distribution les plus courantes :

1. Distribution directe : La distribution directe implique la vente directe des produits aux consommateurs, souvent en utilisant des représentants commerciaux ou des centres d'appel.
2. Distribution indirecte : La distribution indirecte implique la vente des produits à des intermédiaires, tels que les détaillants, les distributeurs ou les grossistes, qui vendent les produits aux consommateurs finaux.
3. Stratégie de niche : La stratégie de niche consiste à cibler un petit segment de marché spécifique avec des produits adaptés à leurs besoins.
4. Stratégie multicanal : La stratégie multicanal implique l'utilisation de plusieurs canaux de distribution pour atteindre les consommateurs.

5. Stratégie omnicanal : La stratégie omnicanal implique l'intégration transparente et cohérente de tous les canaux de distribution pour offrir une expérience de marque cohérente aux consommateurs.

Le choix de la stratégie de distribution dépend de plusieurs facteurs, tels que le type de produit, les objectifs de l'entreprise, le marché cible et les ressources disponibles.

Fixation du prix de vente

Le processus de fixation des prix est crucial pour une entreprise, car il peut affecter la rentabilité, la demande et la perception de la marque. Voici quelques étapes pour fixer un prix de vente :
1. Évaluation des coûts
2. Évaluation de la demande
3. Analyse de la concurrence
4. Détermination de la marge bénéficiaire
5. Test du marché

Il est important de noter que la fixation des prix n'est pas une science exacte et peut varier en fonction de nombreux facteurs, tels que les coûts, la demande, la concurrence et les stratégies de marketing. L'entreprise peut également adopter différentes stratégies de fixation des prix, telles que la stratégie de prix de prestige, la stratégie de prix de volume et la stratégie de prix de référence, en fonction de ses objectifs commerciaux et de la nature de ses produits.

Le merchandising

Le merchandising est un ensemble de techniques marketing qui visent à maximiser les ventes de produits en utilisant une combinaison d'affichage, de disposition, de prix et de promotion.

Le merchandising comprend une variété d'actions, telles que la mise en place de linéaires de produits attrayants, la création de packages de produits, la mise en œuvre de promotions et de soldes, et la présentation de produits en magasin pour stimuler l'intérêt et la demande.

Le merchandising est utilisé pour attirer l'attention des consommateurs et les inciter à acheter des produits en mettant en valeur leurs caractéristiques et leurs avantages. Il joue un rôle clé dans la stratégie de vente au détail d'une entreprise et peut être utilisé pour différencier les produits de la concurrence, ainsi que pour aider à positionner une marque de manière favorable dans l'esprit des consommateurs.

Vous pouvez écrire votre résumé pour cette matière ici :

Gestion Opérationnelle

Tous droits réservés FICHES BTS MCO

Cette épreuve de Gestion Opérationnelle a un coefficient de 3. C'est l'une des épreuves la plus importante mais aussi la plus redoutée en raison des connaissances mathématiques/ financières.

Cette épreuve est écrite et dure 3 heures.

Vous aurez une étude de cas qui se base sur une unité commerciale, vous devez être capable de montrer vos capacités à identifier des problèmes de marketing, de vente et de gestion.
Vous devrez solutionner des problèmes et aider à développer les chiffres de l'entreprise.
Egalement être force de proposition, vous ne devez pas uniquement écrire vos résultats de calcul.

Il n'y a pas forcément de difficultés dans cette épreuve si vous raisonnez logiquement et connaissez vos formules de calcul.

Vous vous devez de la réussir en raison de son coefficient.

Le matériel à avoir pour l'examen :

Cette partie peut paraitre ridicule, mais lors de l'examen officiel vous n'aurez pas le droit de demander du matériel à vos voisins.
Venir les mains vides / ne pas posséder votre matériel va vous faire perdre énormément de temps.
Voici le matériel indispensable à avoir pour réussir cette épreuve :
- Plusieurs stylos (couleur noir / bleu / rouge / vert)
- Un correcteur Tipp-ex / blanco.
- Des surligneurs (couleur jaune / vert / orange / bleu).
- Une règle / un crayon / une gomme.
- Une calculatrice, une calculatrice secondaire, des piles.

Les entrainements :

Le meilleur moyen de progresser en gestion, c'est la pratique. Pour vous améliorer nous vous recommandons donc de mettre en pratique les différents chapitres de cette matière en réalisant des exercices donnés par vos formateurs.

Nous vous recommandons aussi de vous mettre en situation examen en réalisant les études de cas des années précédentes dans le temps officiel donné : 3 heures.

Vous avez des examens blancs de prévus durant les 2 années pour vous entrainer, mais si vous souhaitez réellement progressez, suivez nos conseils ci-dessus.

Attention :

Vous ne devez surtout pas faire les questions et les dossiers dans le désordre. Si vous bloquez sur une question laisser un espace et répondez à la question suivante, mais surtout suivez l'ordre du dossier.
Vous ne devez surtout pas répondre aux questions et traiter les dossiers dans le désordre.

Tous droits réservés FICHES BTS MCO

Chapitre 1 : La facturation

L'élaboration d'une facture est une obligation légale car c'est ce document qui vous servira de preuve en cas de litige.
Dans une proposition commerciale, on parle de :
- Bon de commande
- Devis
- Facture (de doit, d'avoir)
- Réductions commerciales (remises, rabais, ristournes))
- Réductions financières (avoirs)
- TVA
- Crédit d'impôt
- Conditions générales de vente (CGV)

Il faut connaitre toutes ses définitions (très facilement trouvable sur internet).

Le schéma pour une facture de doit et d'avoir (même schéma) :

Facture de doit	**Facture d'avoir**
Montant HT	Montant HT
- Remise	- Remise
Net commercial 1	Net commercial 1
- Remise	- Remise
Net commercial 2	Net commercial 2
- Escompte	- Escompte
Net financier	Net financier
+ TVA	+ TVA
Montant TTC ou net à payer	Montant TTC ou net à payer

- Si une remise a été appliquée lors de la facture de doit, celle-ci doit être également déduite du montant HT lors de l'établissement de la facture d'avoir.

Tous droits réservés FICHES BTS MCO

- Si un escompte a été appliqué lors de la facture de doit, celle-ci doit être également déduit lors de l'établissement de la facture d'avoir.

La facture de d'avoir est le « reflet » de la facture de doit.

Déclaration de TVA :

TVA collectée
- TVA déductible
Soit TVA à décaisser / Soit un crédit de TVA

L'entreprise collecte de la TVA sur ses ventes et déduit de la TVA sur ses achats. Chaque mois, elle doit déclarer la TVA due à l'état en faisant la différence comme ci dessus.

Calculer une évolution (taux) = (Valeur de départ - Valeur d'arrivée) / Valeur de départ (x100)
Calculer une marge commerciale = Prix de vente - Prix d'achat
Elle n'est pas à confondre avec le bénéfice.
Le bénéfice est ce qui reste après toutes les charges fixes et variables enlevées (salaires, charges courantes comme l'électricité, les investissements, les matières premières, etc...).

Chapitre 2 : Les opérations de règlement

L'objectif dans une unité commerciale, c'est de la rendre la plus efficace possible, mais le manager doit également s'occuper des opérations de règlements (vers ses différents débiteurs comme les fournisseurs, vers ses salariés et bien entendu ses clients).

Il existe 2 types de règlements.
Premièrement, au comptant. Il peut y avoir :
- Les espèces (maximum paiement de 1000€)
- Le porte monnaie électronique (les clients chargent une carte électronique et l'utilise à leur convenance)
- Les chèques bancaires ou postaux (le tireur détient le compte bancaire, le tiré paye la somme indiqué au profit du bénéficiaire qui reçoit la somme indiqué sur le chèque)
- Les virements bancaires ou postaux (paiement effectué depuis le compte bancaire directement)
- Les cartes de crédit (ce paiement s'effectue grâce à un terminal de paiement électronique (TPE)

Deuxièmement, à crédit.
Il y a créance, le client doit donc de l'argent. Ces créances pénalisent l'entreprise, grève sa trésorerie et augmente donc son BFR (besoin en fond de roulement)
C'est l'argent dont à besoin une entreprise pour lancer son cycle d'exploitation (achat de ses marchandises, paiement de ses charges courantes). On le calcule :

$$\text{Stocks + Créances - Dettes}$$

Plus le BFR augmente, plus il est difficile de relancer le cycle d'exploitation.
Il peut y avoir :
- Ventes à crédit (ce cout s'évalue avec la formule de l'agio $(C \times T \times N)/360$. C = Montant du crédit, T = taux de refinancement, N = nombre de jours de crédit accordés).
- Ventes à tempérament (le client emprunte à un organisme de crédit (ex : crédit conso)
- Effets de commerce (uniquement utilisable par les entreprises)

Voici le schéma d'un effet de commerce :

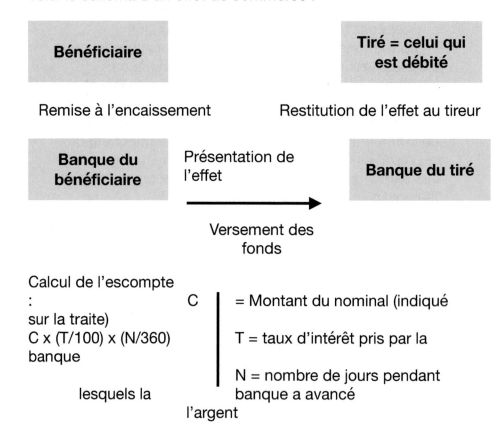

Calcul de l'escompte :
sur la traite)
C x (T/100) x (N/360)
banque

        lesquels la

C = Montant du nominal (indiqué

T = taux d'intérêt pris par la

N = nombre de jours pendant banque a avancé l'argent

Chapitre 3 : La fixation des prix

Le niveau de prix permet d'assurer la marge et la rentabilité du point de vente. Le meilleur prix est le prix qu'un consommateur est prêt à payer pour le produit.
Pour fixer un prix, il est nécessaire de prendre en compte un certain nombre de facteurs externes (clients, concurrence, etc) et internes (coût des produits).

L'entreprise exerce le plus souvent dans un secteur concurrentiel. Donc pour fixer ses prix, elle doit tenir compte de la concurrence, des intermédiaires, de l'attitude des marchés et bien entendu de ses clients.

L'analyse des prix pratiqués par la concurrence directe est un outil supplémentaire pour le manageur, selon la stratégie qu'il veut adopter. Les entreprises réalisent régulièrement des relevés de prix chez les concurrents directs.

Grace à internet, il existe des sites comparateurs de prix. Pour justifier un écart de prix, il peut y avoir :
- La notoriété de la marque
- Le service après vente
- La garantie
- Le financement
- Les options possibles
- …

Le prix psychologique est un prix de référence qui conditionne le prix qui lui parait acceptable pour le produit. On parle alors de « prix d'accessibilité » ou encore de prix psychologique ». C'est le produit qui permet de toucher le maximum de clients.

Plus l'offre est standardisée et plus il sera sensible à un écart de prix et fera donc un arbitrage pour le produit le moins cher.

Le code de commerce pose le principe de la libre détermination des prix par le jeu de la concurrence sauf pour certain secteurs.

La Loi Galland fixe les principes suivants :
- Interdiction de vente à perte
- Encadrement des pratiques commerciales liées au référencement des produits
- Dispositif de lutte contre les prix abusivement bas

La circulaire Dutreil a pour objet de régler les problème des marges arrière dans la grande distribution. La marge inclut la rémunération des prestations de coopération commerciale et les ristournes et les remises.

Les calculs à connaitre :

Prix de vente = Cout d'achat + Marge commerciale
Taux de marge = (Marge / Prix d'achat) x 100
Taux de marque = (Marge / Prix de vente) x 100
Coefficient multiplicateur = Prix de vente / Coût d'achat

Chapitre 4 : Les relations avec les banques

L'entreprise doit avoir de bonnes relations avec ses partenaires et surtout sa banque car celle ci propose :
- La gestion des espèces, du compte courant, des règlements par cartes bancaires
- Le financement du cycle d'exploitation
- Crédits, etc…

La remise en banque des espèces se fait par le biais de prestataire de service qui acheminent les fonds en fourgon blindés.
iLe manager peut négocier avec sa banque les modalités de prestations proposées (nature et cout des services rendus, sécurité des transactions, etc… Il faut prendre en compte l'heure de banque. C'est l'heure de la journée à partir de laquelle la banque clôture ses opérations sur les espèces.

Pour les règlements par carte bancaire, l'entreprise a une relation multiforme avec sa banque et adhère par exemple à :
- la location de terminaux de paiement
- Les accès à des logiciels de sécurisation des règlements
- Rapatriement des fonds sur le compte bancaire l'unité commerciale.

Le relevé de compte récapitule l'ensemble des opérations de la période et dégage le solde disponible sur le compte.

Le relevé ne correspond pas toujours aux opérations réalisées au cours de la période du fait de décalage dans le temps et du décalage de l'information.

Pour financer le cycle d'exploitation, il existe :
- Les facilités de caisse (la banque prête les fonds et décompte les intérêts qui constituent les charges financières)
- L'escompte des effets de commerce (voir ci dessus)
- La loi Dailly (l'entreprise établit un bordereau de « cession de créances professionnelles » avec les factures qu'elle souhaite céder à sa banque).
- Le crédit de mobilisation des créances commerciales (la banque accord à l'entreprise un en-cours de crédit, c'est un montant de crédit pour fiancer son exploitation).
- L'affacturage (c'est le rachat de factures clients de l'entreprise par une société financière)
- Le crédit de campagne (il sert à trouver des ressources importante sur une durée relativement courte. Par exemple, une entreprise saisonnière (de vente de glaces) a beaucoup de besoins financiers l'été pour constituer des stocks, employer du personnel supplémentaire, etc, mais a peu de besoin les autres saisons. Ce crédit de campagne sert à ça.)

Chapitre 5 : Le cycle d'exploitation et la trésorerie

Une entreprise a pour but d'acheter des produits (biens et services) pour les revendre. Cette activité génère des flux :
- Réels (produits achetés et revendus)
- Financiers (règlements associés à ces flux)

L'équilibre financier passe donc par la connaissance de l'importance de ces différents flux ainsi que leur décalage dans le temps. La durée d'un cycle complet achat-vente est définie par le cycle d'exploitation.

Le bilan de l'entreprise regroupe les éléments du patrimoine à un moment donné (établi une fois par an). Le bilan est divisé en deux parties :

L'actif	Le passif
Ce sont les ressources de l'entreprise à un moment donné. L'actif est ce qu'elle possède et ce qu'on lui doit, il comprend donc :	Cela regroupe les ressources ou moyens de financement de l'entreprise. Le passif est donc le contraire de l'actif, c'est ce que
- L'actif immobilisé destiné à être utilisé de manière durable par l'entreprise et se décompose avec les : • Immobilisations incorporelles • Immobilisations Corporelles • Immobilisations Financières Comme les terrains, constructions,	- Les capitaux propres : • Capitaux apportés lors de la création de l'entreprise (fond propres) • Dettes à moyen et long terme
- L'actif circulant qui est un élément du patrimoine qui ne restent pas durablement dans l'entreprise et/ou qui sont transformés. L'actif circulant comprend : • Les créances clients • Les stocks	- Les dettes : • Dettes financières court terme • Dettes d'exploitation • Découverts bancaires
TOTAL ACTIF	**TOTAL PASSIFS**

Situation nette = Actifs - Passifs

Grace à ce bilan, il est possible de calculer le BFR de la manière suivante :
BFR = Actif circulant (hors disponibilités) - Dettes d'exploitation et autres dettes (hors découvert bancaire).

Le bilan est un document comptable obligatoire et doit être réalisé une fois par an.
1 an d'activité = 1 exercice comptable
Le bilan est la valeur de l'entreprise (patrimoine).

Tous droits réservés FICHES BTS MCO

Pour améliorer la trésorerie d'une entreprise, il faut bien entendu diminuer au maximum le besoin en fond de roulement et passe par :
- Diminuer l'actif circulant (comme les stocks et les créances)
- Augmenter les dettes d'exploitation et autres dettes (comme les dettes fournisseurs pour payer le plus tard possible).

Chapitre 6 : Les couts dans l'unité commerciale

Le calcul de couts est indispensable à toute entreprise commerciale.
Un cout est une somme de charges. Le cout d'achat d'un article intègre toutes les charges relatives à l'achat :
- Prix d'achat
- Charges de transport
- Charges d'assurance du transport

La connaissance des coûts permet d'évaluer des marges. La marge unitaire s'obtient par différence entre le prix de vente et le cout.

Les charges directes et indirectes :

Charges directes	**Charges indirectes**
Ce sont les charges que l'on peut directement affecter à un coût : - Salaire d'un vendeur - Achats de marchandises - Salaire du personnel - Frais de publicité	Nécessitent un retraitement préalable car elles concernent plusieurs couts : - Salaire de la secrétaire - Entretien des locaux - Salaire du personnel chargé de…

Le cout d'achat d'un article comprend toutes les charges relatives à l'achat.
Cout d'achat = charges directes d'achat + charges indirectes d'achat
Idem pour le cout de production, distribution, de revient, etc).
Cout de production = charges directes de production + charges indirectes de production

Les charges variables et fixes :

Charges variables	Charges fixes
Ces charges évoluent avec le niveau d'activité ou les quantités vendues (matières premières, achat de marchandises, frais proportionnels au C.A, etc…)	Ces charges sont indépendantes du niveau d'activité de l'entreprise (salaire fixe des collaborateurs, loyer des locaux, dépenses d'électricité des bureaux, charges

La marge sur cout variable :
MSCV = Chiffre d'affaires - Cout variable des produits vendus (charges variables totales)
Résultat = Marge sur cout variable - charges fixes

Pour calculer le taux de marge sur cout variable = (MSCV / CA) x 100
Ensuite, on multiplie de CA par le taux de MSCV

Pour calculer un seuil de rentabilité, nous divisions les charges fixes par le taux de MSCV. Ce seuil de rentabilité représente le niveau d'activité minimum que doit atteindre l'entreprise pour ne pas réaliser de pertes. A ce niveau, l'entreprise ne réalise ni perte, ni bénéfice. Le CA est donc égal à la totalité des charges, donc son résultat est à 0. Ce seuil est exprimé en valeur (chiffre d'affaires).

Chapitre 7 : Les couts complets

C'est le résultat de l'entreprise : bénéfice, perte

1/. Cout d'achat : prix d'achat + charge direct (transport) + Charge Indirect (frais d'approvisionnement)

Cout d'achat

2/. Stockage de la marchandise achetée FIFO/ DEPS /CMUP
3/. Cout de production (a calculer que si l'entreprise fabrique un produit)

Charge direct de production(MOD)

+ Charge Indirect de production (usure des machines)

Cout de production

4/. Cout de stockage de la production
5/. Cout de distribution (Toutes les charge liées à la vente du produit et/ou marchandise.)

Charge direct de distribution (Carton, emballage, frais de port…)

+ Charge indirectes de distribution usure des machines

Cout de distribution

Tous droits réservés FICHES BTS MCO

6/. Cout de revient (charge totales du pdt)

+

Cout d'achat des marchandise vendue

(+cout de production)
Frais de distribution
Frais administratifs (prime perçu par les commissions

___

Cout de revient

7/. Résultat (bénéfice au perte)

+

Chiffre d'affaires (somme de toutes les ventes)

Cout de revient

___

Résultat

Tous droits réservés FICHES BTS MCO

Chapitre 8 : Le financement de l'investissement

Un investissement est une dépense initiale pour acquérir des moyens de production ou de commercialisation qui généreront des profits dans les années à venir.
Un investissement peut être :
- Commercial (étude de marché, publicité pour le lancement d'un nouveau produit, action de promotion des ventes, campagne de communication, etc…)
- Financier (prise de participation , placement de capitaux)
- Humain (recrutement de collaborateurs, formation de personnel, opération de stimulation, etc…)

Les investissements sont classés de différentes manières :
- Investissements de renouvellement (dépenses engagés pour renouveler les équipements usagés. Ils assurent le maintien de la capacité de production de l'entreprise).
- Investissements de capacité (ils permettent d'accroitre la capacité de production ou de commercialisation de l'entreprise).
- Investissements de productivité (ils permettent d'économiser les ressources et de produire à moindre coûts.
- Investissements matériels (acheter des biens d'équipement comme les machines, les véhicules, les bâtiments)
- Investissements immatériels (brevets, licences, marques, clientèle, droit au bail, etc)

Les ressources internes de financement sont composés :
- Du bénéfice retiré par l'unité commerciale des ses opérations de vente de marchandises et de prestation de services
- De l'amortissement pratiqué par l'entreprise sur ses immobilisations
- Les provisions constituées pour faire face à certains risques

La somme de ces trois variables constitue l'autofinancement pour l'entreprise.

Un actif amortissable est un actif dont l'utilisation est déterminable, l'usage est limité dans le temps. Les immobilisations incorporelles et certains corporelles sont des actifs amortissables.
Ces actifs sont amortissables pour un montant correspondant à la base amortissable. C'est la différence entre la valeur brute du bien (montant HT de l'acquisition) - la valeur résiduelle du bien (montant de la vente de cet actif sur le marché à la fin de son utilisation).

L'amortissement pratiqué par l'entreprise représente l'usure comptable d'un bien.

Pour financer ses investissements, elle fait appel à l'amortissement de ses biens (chaque année, elle constate l'usure de ses biens).

Pour amortir un bien, il faut que celui-ci soit « **usable** » = durée de vie limitée.
Les durées de vie de ces biens :
Voiture = 4,5 ans d'amortissement
Ordinateur = 12 mois
Bien immobilier = 20 ans

Il faut que l'usure soit irréversible.

Un terrain n'est pas amortissable car il ne perd pas de valeur, sauf les carrières.

Pour calculer le Bénéfice = Produits - Charges (augmentation grâce à l'usure (amortissement)

Si les charges augmentent, le bénéfice baisse donc on paiera moins d'impôts (l'entreprise dégage de l'argent pour investir dans de nouveaux biens).

Tous droits réservés FICHES BTS MCO

Base amortissable = valeur brute du bien - valeur résiduelle
Les frais de formation du personnel sont à exclure de cette valeur brute.

EXEMPLE :

Machine 25000€
Frais d'installation : 500€
Frais de transport : 100€
Formation du personnel : 1000€
Valeur résiduelle : 2500€
Date d'achat : le 01/06/N
Production 1ère année : 2000 unités
Production 2ère année : 3000 unités
Production 3ère année : 4000 unités
Production 4ère année : 2500 unités
I) Base amortissable ?
II) Amortissement selon les unités d'oeuvre
III) Amortissement linéaire sur 4 ans

Les remboursements de prêts

Il existe 3 types de prêts :
- Par annuité constante
- Par amortissement constant
- In fine

Nous allons prendre l'exemple suivant et calculer quel prêt nous coutera le moins cher en terme d'intérêt.

Emprunt 25000€
Taux 4%
Durée 4 ans

Pour le **remboursement de l'emprunt par annuité constante**, cet emprunt se calcule de la façon suivante :

$$\frac{C \times T}{1-(1+T)^{-N}} = 6887,25$$

C = Capital emprunté
T = taux d'emprunt
N = nombre d'années

Années	Capital restant du	Intérêts Capital x T	Amortissements Annuités-intérêts	Annuité	Capital restant du Capital-amorti.
N	25000	1000	5887,25	6887,25	19112,75
N+1	19112,75	764,51	6122,74	6887,25	12990,01
N+2	12990,01	519,60	6367,65	6887,25	6622,36
N+3	6622,36	264,89	6622,36	6887,25	0

Pour le **remboursement par amortissement constant**, cet emprunt se calcule de la façon suivante :

Années	Capital restant du	Intérêts Capital x T	Amortissements	Annuité Inté+Amort.	Capital restant du Capital-
N	25000	1000	6250	7250	18750
N+1	18750	750	6250	7000	12500
N+2	12500	500	6250	6750	6250
N+3	6250	250	6250	6500	0

Pour le **remboursement par l'emprunt in fine**, cet emprunt se calcule de la façon suivante :

Années	Capital restant du	Intérêts Capital x T	Amortissements	Annuité Inté+Amort.	Capital restant du Capital-..
N	25000	1000	/	1000	25000
N+1	25000	1000	/	1000	25000
N+2	25000	1000	/	1000	25000
N+3	25000	1000	25000	26000	0

Le moins cher est donc ?

A vous de jouer maintenant !

Remboursement de l'emprunt par annuité constante :

Années	Capital restant du	Intérêts Capital x T	Amortissements Annuités-intérêts	Annuité	Capital restant du Capital-amorti.
N					
N+1					
N+2					
N+3					

Remboursement de l'emprunt par annuité constante :

Années	Capital restant du	Intérêts Capital x T	Amortissements Annuités-intérêts	Annuité	Capital restant du Capital-amorti.
N					
N+1					
N+2					
N+3					

Tous droits réservés FICHES BTS MCO

Remboursement de l'emprunt par annuité constante :

Années	Capital restant du	Intérêts Capital x T	Amortissements Annuités-intérêts	Annuité	Capital restant du Capital-amorti.
N					
N+1					
N+2					
N+3					

Chapitre 18 : Le suivi des immobilisations

Pour une entreprise, le choix n'est pas de récupérer le plus d'argent mais de rentabiliser le plus vite possible les investissements.

Pour déterminer, ce délai de récupération du capital investi, il faut évaluer et comparer la dépense de l'investissement, les flux de trésorerie dégagés par l'exploitation du projet et la valeur résiduelle (valeur de revente du matériel acquis en fin d'utilisation).

Les flux nets de trésorerie (cash flow) d'une année est égal aux recettes de l'année moins les dépenses de l'année.

FNT = Recettes - Dépenses

Pour le calculer, nous réalisons ce tableau :

	Année N	Année N+1	Etc
Chiffre d'affaires			
- Charges de personnel			
- Matières premières			
- Amortissement			
=Résultat courant avant impôt			
- Impôt sur les sociétés			
=Résultat net			
+ Amortissement			
=Flux net de trésorerie			

Vous pouvez écrire votre résumé ici pour cette matière :

Tous droits réservés FICHES BTS MCO

Management de l'Equipe Commerciale

Cette épreuve de Management de l'Equipe Commerciale a un coefficient également de 3. C'est l'une des épreuves la plus importante.

Cette épreuve est écrite et oral si CCF ou uniquement écrite si examen ponctuel, cela dépend de votre établissement scolaire.

Cette épreuve est complémentaire à l'épreuve de Gestion Opérationnelle.
Le contenu comporte des notions de gestion, de méthode planification, évaluation et formation du collaborateur, de management d'équipe et de recrutement.
Vous comprenez que les deux matières sont liées.

Cette épreuve a pour objectif d'évaluer vos connaissances à la gestion et au management d'équipe.

Il n'y a pas forcément de difficultés dans cette épreuve.

Vous vous devez de la réussir en raison de son coefficient.

Le management de projet

Le management de projet est une méthode qui permet de planifier, d'organiser et de contrôler les ressources nécessaires à la réalisation d'un projet dans les délais impartis, avec le budget prévu et en respectant les objectifs et les exigences du projet.

Cela implique la coordination des équipes, la définition claire des tâches, la planification des délais et des ressources, la gestion des risques, la communication efficace avec les parties prenantes et la surveillance régulière de l'avancement du projet. Le but est d'assurer la livraison réussie du projet en respectant les critères de qualité, les délais et le budget prévus.

Le management d'équipe

Le management d'équipe est la capacité d'un leader à diriger, encourager, motiver et superviser une équipe de travailleurs pour atteindre des objectifs communs. Cela implique de définir les rôles et les responsabilités de chaque membre de l'équipe, de communiquer clairement les attentes et les objectifs, de fournir les ressources nécessaires, de résoudre les conflits et de fournir un soutien continu. Le management d'équipe comporte également la reconnaissance et la récompense des performances individuelles et de l'équipe dans son ensemble, ainsi que la prise en compte de la satisfaction personnelle et professionnelle des membres de l'équipe. Le but est de créer une dynamique positive dans l'équipe et d'atteindre des résultats plus élevés que ceux qui pourraient être obtenus par des efforts individuels.

Le planning des équipes

Le planning d'équipe est un processus de planification qui implique la définition des tâches, des responsabilités et des échéances pour chaque membre d'une équipe de travail. Il s'agit de déterminer les ressources nécessaires, de définir les délais et d'assigner les tâches à des membres spécifiques de l'équipe en fonction de leurs compétences et de leur disponibilité. Le planning d'équipe est un outil important pour assurer la coordination et la collaboration efficaces au sein de l'équipe, ainsi que pour garantir que les objectifs de l'équipe soient atteints dans les délais impartis. Il permet également de surveiller l'avancement des travaux et de prendre des mesures pour résoudre les problèmes ou ajuster les plans si nécessaire. Enfin, le planning d'équipe est un élément clé pour maintenir une communication claire et transparente au sein de l'équipe, ce qui peut contribuer à renforcer la confiance et la motivation de chaque membre.

Le contrat de travail

Un contrat de travail est un document formel qui définit les termes et les conditions d'emploi entre un employeur et un salarié. Il peut être écrit ou oral et décrit les obligations et les droits de chaque partie. Le contrat de travail peut inclure des informations telles que la durée de l'emploi, les horaires de travail, les conditions de travail, les obligations du salarié, les avantages sociaux, les conditions de départ, etc. Les contrats de travail peuvent également inclure des clauses spéciales telles que des clauses de confidentialité ou de non-concurrence. Les contrats de travail sont importants car ils fournissent une base solide pour les relations de travail entre les employeurs et les salariés, en définissant les attentes mutuelles et en protégeant les droits de chaque partie.

Le recrutement

Le recrutement est le processus de trouver et d'attirer des candidats potentiels pour un poste vacant dans une entreprise. Cela peut inclure la définition du poste, la diffusion de l'offre d'emploi, la collecte et l'examen des candidatures, les entretiens et les tests, la vérification des antécédents et la prise de décision finale quant à la sélection d'un candidat. Le but du recrutement est de trouver les candidats les plus qualifiés pour le poste et de les sélectionner en fonction de leurs compétences, de leur expérience et de leur motivation.

Le recrutement est une étape clé pour assurer la croissance et le succès d'une entreprise, en permettant de trouver les meilleurs talents pour les postes clés.

Les réunions d'équipe

Une réunion d'équipe est une réunion formelle au cours de laquelle les membres d'une équipe se rassemblent pour discuter de sujets importants liés au travail. Les réunions d'équipe peuvent être utilisées pour partager des informations, prendre des décisions, résoudre des problèmes, planifier des projets, etc.

Elles peuvent également aider à améliorer la communication et la collaboration au sein de l'équipe, en permettant à chaque membre de donner son point de vue et d'être informé des progrès et des défis. Les réunions d'équipe sont généralement dirigées par un leader d'équipe ou un manager et peuvent être effectuées en personne ou à distance, en utilisant des technologies de conférence en ligne. Il est important de planifier soigneusement les réunions d'équipe, de définir clairement les objectifs, de suivre un ordre du jour et de faire un suivi des décisions prises afin d'assurer leur efficacité et leur utilité pour l'équipe.

Tous droits réservés FICHES BTS MCO

Le salaire

Le salaire est la rémunération que reçoit un salarié en échange de son travail. Il peut s'agir d'une somme d'argent fixe qui est versée régulièrement, généralement sur une base hebdomadaire ou mensuelle. Les salaires peuvent également inclure des avantages supplémentaires tels que des assurances maladie, des congés payés, des plans de retraite, etc. Le montant du salaire d'un salarié dépend de plusieurs facteurs, tels que son niveau d'éducation, son expérience professionnelle, les compétences requises pour le poste, la localisation géographique, etc. Les employeurs sont souvent tenus de verser un salaire minimum à leurs salariés en vertu des lois du travail locales. Les salariés peuvent également négocier leur salaire lors de l'obtention d'un nouvel emploi ou lors d'une promotion. Le salaire joue un rôle important dans la vie d'un individu, car il peut influencer son niveau de vie et sa qualité de vie.

La gestion des conflits en entreprise

La gestion des conflits en entreprise fait référence aux efforts visant à résoudre les différends entre les employés, les départements ou les entreprises. Les conflits peuvent survenir pour de nombreuses raisons, telles que des différences de personnalité, des divergences d'opinions, des intérêts concurrents, etc. Les conflits peuvent avoir un impact négatif sur le moral des employés, la productivité et la qualité du travail.

La gestion des conflits en entreprise implique souvent l'identification des causes sous-jacentes du conflit, la communication ouverte et honnête entre les parties concernées, la recherche de solutions et la médiation pour trouver un terrain d'entente. Les leaders d'entreprise peuvent jouer un rôle clé en établissant des politiques claires de gestion des conflits, en formant les employés à la résolution

des conflits et en fournissant des ressources pour aider les employés à naviguer les différends.
Il est important de gérer les conflits de manière proactive et efficace afin d'assurer la stabilité et la qualité du travail au sein de l'entreprise. Une gestion adéquate des conflits peut également renforcer la culture de l'entreprise et améliorer la satisfaction des employés en garantissant que leurs préoccupations sont prises en compte et résolues de manière juste et équitable.

L'analyse des performances individuelles en entreprise

L'analyse des performances individuelles en entreprise est un processus de mesure et d'évaluation de la qualité du travail et des compétences d'un employé. Elle a pour but d'identifier les forces et les faiblesses des employés et de les aider à atteindre leurs objectifs professionnels.
Cette analyse peut être réalisée de diverses manières, telles que des entretiens formels entre l'employé et son superviseur, des observations de travail, des évaluations de compétences, des examens de performance et des évaluations en ligne. Les résultats de l'analyse sont souvent utilisés pour informer les décisions en matière de formation, de développement professionnel, de promotion et de rémunération.
L'analyse des performances individuelles est un processus continu qui peut aider les employés à développer leurs compétences, à améliorer leur travail et à atteindre leurs objectifs professionnels. Cela peut également aider les employeurs à identifier les employés les plus performants et à les encourager à continuer à travailler à leur plein potentiel.
Il est important de gérer l'analyse des performances individuelles de manière équitable et impartiale afin de maintenir la motivation et la satisfaction des employés.

Le plan de développement des compétences

Un plan de développement des compétences est un plan détaillé visant à aider les employés à acquérir de nouvelles compétences, à améliorer leurs compétences actuelles et à atteindre leurs objectifs professionnels. Ce plan peut inclure des activités telles que la formation, la participation à des conférences, des projets de mentorat, des stages, des tâches spéciales, etc.

Le plan de développement des compétences est généralement élaboré par les employeurs en collaboration avec les employés, en tenant compte des objectifs professionnels des employés, des besoins de l'entreprise et des compétences clés nécessaires pour soutenir la croissance et la réussite de l'entreprise.
L'objectif du plan de développement des compétences est de renforcer les compétences des employés, d'améliorer leur productivité et leur satisfaction au travail, et de préparer les employés à de nouvelles opportunités de carrière à l'intérieur de l'entreprise. Cela peut également aider les employeurs à maintenir un personnel qualifié et compétent, à attirer et à retenir les talents, et à renforcer leur position concurrentielle sur le marché.

Il est important de suivre régulièrement les progrès de chaque employé dans le cadre de leur plan de développement des compétences et de fournir un feedback régulier pour encourager leur progression et leur motivation. Les employeurs peuvent également considérer des incitations telles que des bonifications ou des opportunités de carrière pour les employés qui réussissent dans le cadre de leur plan de développement des compétences.

Tous droits réservés FICHES BTS MCO

Stimuler l'équipe commerciale

Il existe plusieurs façons de stimuler une équipe commerciale pour améliorer leur motivation et leur performance. Voici quelques suggestions qui peuvent aider :

1. Fixer des objectifs clairs : Définir des objectifs précis pour chaque membre de l'équipe peut les aider à se concentrer sur leur travail et à atteindre des résultats concrets.
2. Offrir des récompenses et des incitations : Les récompenses et les incitations peuvent stimuler la motivation des membres de l'équipe et les encourager à atteindre leurs objectifs.
3. Fournir une formation et un mentorat : Offrir une formation et un mentorat peut aider les membres de l'équipe à améliorer leurs compétences et à développer de nouvelles stratégies pour augmenter leurs ventes.
4. Créer une culture d'entreprise favorable : Une culture d'entreprise favorable peut encourager les membres de l'équipe à se sentir valorisés et appréciés, ce qui peut les inciter à travailler plus dur.
5. Favoriser la communication et la collaboration : Favoriser la communication et la collaboration peut aider les membres de l'équipe à se sentir connectés et à travailler ensemble pour atteindre des objectifs communs.

Il est important de noter que chaque équipe commerciale est unique et que ce qui fonctionne pour une équipe peut ne pas fonctionner pour une autre. Il est donc important d'essayer différentes approches et de s'adapter aux besoins de votre équipe pour stimuler leur motivation et leur performance.

Tous droits réservés FICHES BTS MCO

Intégration d'un nouveau collaborateur

L'intégration d'un nouveau collaborateur peut être un processus délicat, mais c'est également une occasion d'ajouter une nouvelle perspective et de renforcer l'équipe. Voici quelques étapes qui peuvent aider à faciliter cette transition :

1. Planification : Planifiez l'intégration du nouveau collaborateur en définissant les objectifs et les attentes, en choisissant un mentor et en créant un calendrier détaillé.
2. Présentation de l'entreprise : Donnez une vue d'ensemble de l'entreprise et de sa culture pour aider le nouveau collaborateur à s'intégrer rapidement.
3. Présentation des collègues : Présentez les nouveaux collègues au nouveau collaborateur pour les aider à établir des relations professionnelles.
4. Formation et mentorat : Offrez une formation sur les produits, les politiques et les procédures de l'entreprise pour aider le nouveau collaborateur à se sentir à l'aise dans son nouveau rôle.
5. Feedback et suivi : Encouragez le feedback régulier et le suivi pour s'assurer que le nouveau collaborateur se sent à l'aise et a les outils nécessaires pour réussir.
6. Opportunités de développement : Offrez des opportunités de développement pour aider le nouveau collaborateur à développer ses compétences et à s'épanouir dans son rôle.

Il est important de noter que chaque nouveau collaborateur est unique et que le processus d'intégration doit être adapté à ses besoins individuels. En prenant le temps de planifier soigneusement et de soutenir le nouveau collaborateur, vous pouvez aider à garantir un processus d'intégration réussi.

Vous pouvez écrire votre résumé ici pour cette matière :

Tous droits réservés FICHES BTS MCO

Epreuves facultatives

Fonctionnement des épreuves facultatives

Comme leurs noms l'indique, les épreuves facultatives sont des épreuves qui ne sont pas obligatoires pour obtenir le BTS MCO.
Les épreuves facultatives permettent d'apporter des champs de compétences et des capacités complémentaires pour les étudiants qui feront le choix de les prendre.
Également, ces épreuves elles sont très enrichissantes et elles permettent d'apporter une expérience professionnelle, une expérience de vie complémentaire.
Les épreuves facultatives sont au nombre de 3 :
- Langue vivante étrangère N°2
- Parcours de professionnalisation à l'étranger
- Entrepreneuriat

Il est possible de choisir et de réaliser 2 épreuves facultatives sur 3.

Pourquoi choisir une épreuve facultative ?

Les épreuves facultatives apportent des points complémentaires pour l'obtention du BTS MCO, elles ne sont donc pas à négliger et en choisir 1 ou 2 vous permettra d'avoir plus de chance d'obtenir votre diplôme. Les épreuves sont évaluées à travers des critères précis et sont propres à chaque thématique.

Pour être comptabilisé avec les autres notes des autres épreuves du BTS MCO, la note de l'épreuve facultative doit être égale ou supérieure à 10 sur 20.

Tous droits réservés FICHES BTS MCO

Communication en Langue Vivante Etrangère 2 Facultatif (ESPAGNOL)

Hola! Como estas mis amigos ?

Vous aurez bien compris qu'on va réviser l'espagnol (pour les personnes qui choisissent cette épreuve qui est, je répète, facultative). Désolé d'avance pour les personnes qui ont choisi l'Allemand, je ne pourrai malheureusement pas vous aider pour cette épreuve.

Etant personnellement meilleur en Espagnol qu'en Anglais, j'ai réussi à passer l'espagnol en langue vivante 1 et l'anglais en LV2 facultative (ça a été difficile je vous l'accorde mais j'ai réussi. Peut-être que votre établissement va refuser.)

Pour les personnes qui sont dans le même cas que moi ou qui ont choisi l'espagnol, je vais quand même vous proposer quelques fiches de révision.

Pour ceux qui ont LV1 espagnol (comme moi), vous intervertirez l'anglais et l'espagnol.

Pour ceux qui sont en facultatif, cette épreuve orale dure 20 minutes.

La première partie de l'épreuve est un texte, la deuxième est en général une publicité.

Vous aurez 30 minutes de préparation.

Pour le texte, vous devrez le résumé pendant une dizaine de minutes en français uniquement. Ensuite votre examinateur vous posera des questions en espagnol et vous devrez y répondre dans la même langue.

Exemple de texte que vous aurez à l'examen :

BTS NRC ESPAGNOL SESSION 2019 LV2

Nace el Airbnb ético y sostenible

Texte N°08

El País, 29/ 01/ 2019

¿Cuántas personas se quejan de los inconvenientes de los alquileres de corta estancia, inconvenientes para los vecinos de escalera y para toda la municipalidad? Gentrificación[1], pérdida de identidad cultural, turismofobia...

Para resolver este problema colectivo, un grupo de personas se las ha ingeniado para inventar un sistema que permita alquilar un alojamiento para cortas estancias sin perjudicar[2] al vecino. ¿Qué pasaría si los beneficios de la plataforma de turismo no fueran un fin en sí mismos sino que fueran reinvertidos en las comunidades donde opera?

Es lo que hará Fairbnb, la plataforma cooperativa de turismo ético y sostenible. Quieren ofrecer una alternativa centrada en la comunidad, que ponga a las personas por delante de los beneficios. De momento se encuentra en período de prueba y será lanzada en varias ciudades europeas en 2019.

Fairbnb es la iniciativa de un grupo de activistas, programadores y creativos de todo el mundo que se han reunido, según consta en su web, para "crear una solución viable económicamente que pueda ser una alternativa válida a las actuales plataformas comerciales."

La plataforma de alquileres vacacionales Fairbnb tendrá 3 ventajas: transparencia, copropiedad y valor añadido para los barrios. Lo colaborativo y lo cooperativo se reúnen por fin en un único espacio. Los propietarios de la plataforma serán una cooperativa de usuarios y vecinos que, de forma colectiva, decidirán cómo reinvertir parte de los beneficios en proyectos locales, orientados a reducir el impacto del turismo, a proteger la vivienda y a luchar contra la gentrificación. El proyecto buscará también que los visitantes tengan una experiencia de viaje con sentido y ligada a la comunidad que les acoge.

Los internautas podemos contribuir al proceso de varias maneras: se puede colaborar ayudando a resolver los problemas técnicos, se puede también colaborar en el proyecto difundiendo el manifiesto a través de las redes sociales o se podrá financiar el proyecto contribuyendo en una próxima campaña.

Fairbnb debería abrirse al público a finales de este año y en principio estará sólo operativo en 5 ciudades europeas: Ámsterdam, Barcelona, Bolonia, Valencia y Venecia.

---

[1] Gentrificación : embourgeoisement des villes, des quartiers.
[2] Perjudicar : nuire

Ensuite pour la publicité, il faudra également en parler pendant une dizaine de minutes en espagnol uniquement, ensuite il ou elle vous posera aussi des questions.

Exemple de publicité que vous aurez à l'examen :

S'il vous reste du temps ou si votre examinateur vous le demande il faudra parler de votre entreprise !

Voici un exemple à apprendre par coeur ! Vous avez simplement à modifier certains mots pour parler de votre entreprise.

Presentation de la empresa :

« Estoy en Diploma Tecnico Superior, se llama NDRC (Négociacion y publicidad para las relaciones con los clientes). La formación dura dos anos y estoy en aprendizaje en una empresa. Estoy formado en la empresa en venta y mercado y en curso en negociación, venta, publicidad/marketing y très idiomas (frances, ingles y español), contabilidad y economía.
Estoy dos semanas al mes en mi empresa y dos semanas en mi escuela.
Para comenzar, voy a presentar primero la empresa, segundo voy a hablar mis practicas y terminaré por una conclusión.

La empresa fue fundada en febrero de 2012, se llama XX, es un concesionario de automóviles.
Esta implantada en XX en Francia, al lado de XX.
Desde XX, la estructura es una sociedad a responsabilidad limitada.
La sociedad consta XX personas (el director, una secretaria, tres mecánicos y yo).
Se organiza en XX departamentos : el mas importante es la reparación, el segundo es la venta de automóviles (coches de marca alemana) y por fin la secretaria/contabilidad.
La facturation anual es cerca de XX million de euros.
Y las ganancias son de XX euros.

Estoy en aprentizaje desde XX, mi trabajo consiste en vender nuestras vehículos y los vehículos que importamos (nuestras marcas son Audi, Mercedes, BMW y Porsche).
Me encargo igualmente de la publicidad por los futuros meses y del sitio web.
Estoy principalmente en autonomia.

Para concluir, me gusta mi trabajo, soy feliz, es muy variado y después, al fin de la formación profesional, espero tener mas autonomía.
Pienso hacer una licencia en mercado o en la universidad. »
Ceci est simplement un exemple, vous n'êtes absolument pas obligé d'utiliser ce type de présentation.

Tous droits réservés FICHES BTS MCO

Vous pouvez écrire votre résumé ici pour cette matière :

Tous droits réservés FICHES BTS MCO

Parcours de Professionnalisation à l'Etranger Facultatif

Tous droits réservés FICHES BTS MCO

Objectifs de l'épreuve facultative

Cette option du BTS MCO permet premièrement de partir étudier à l'étranger, et donc d'apprendre et de pratiquer une nouvelle langue. Elle permet de favoriser les rencontres et les échanges avec d'autres citoyens du monde et de participer à l'ouverture d'esprit des étudiants.

D'un point de vue professionnel, l'objectif de cette option est de pouvoir mettre en lumière les différences de fonctionnement au niveau commercial et économique, entre le pays / la ville d'origine de l'étudiant de BTS MCO et la ville / le pays visité durant le stage de professionnalisation à l'étranger.

L'idée est de pouvoir faire une mise en perspective des pratiques professionnelles utilisées à l'étranger et de pouvoir prendre du recul et faire une analyse de ces pratiques, afin de mettre en lumière les bénéfices, les avantages les inconvénients, etc... quelles peuvent apporter aux consommateurs et à la société.

A savoir

Pour passer cette épreuve, vous devez impérativement avoir passé 2 mois de stage de professionnalisation à l'étranger.

Pour la ville et le pays où il est possible d'effectuer son stage à l'étranger, cela dépend de si votre établissement et partenaire avec Erasmus + ou non. En tous les cas il est possible de partir dans des pays européens et autres comme la Chine, l'Australie, etc…

Nous vous recommandons donc de vous rapprocher de votre école pour voir comment cela peut s'organiser.

Contenu

L'épreuve évalue :
- La compréhension du cadre de travail et de son contexte culturel
- La capacité à comparer les pratiques professionnelles observées ou mises en œuvre à l'étranger avec les pratiques ayant cours dans un contexte français
- La capacité à repérer et mettre en valeur les pratiques professionnelles susceptibles d'enrichir les approches françaises
- Les efforts d'adaptation mis en œuvre à l'occasion du séjour à l'étranger.

Critères d'évaluation

- L'analyse du cadre de travail et de son contexte culturel à l'étranger est claire et pertinente
- Les comparaisons de pratiques professionnelles France/hors France sont objectives et révèlent les liens avec les contextes culturels
- Les propositions de transpositions de pratiques professionnelles sont réalistes et cohérentes
- Les efforts d'adaptation lors du séjour à l'étranger sont clairement exposés.

Modalités d'évaluation

L'épreuve prend appui sur 2 documents : une grille d'évaluation complétée par l'entreprise d'accueil à l'étranger et une note de 8 à 10 pages rédigée par le candidat. La grille d'évaluation est complétée par l'entreprise d'accueil à l'étranger à la fin du séjour ; elle est signée par le responsable de l'entreprise à l'étranger et contresignée par le lycée ou l'établissement de formation en France.

Elle révèle la capacité du candidat, dans un contexte professionnel à l'étranger, à :
- Comprendre et se faire comprendre
- Réaliser son activité professionnelle
- S'adapter aux contraintes spécifiques

La note rédigée par le candidat doit présenter :
- Une analyse du cadre de travail et de son contexte culturel à l'étranger
- Une comparaison de pratiques professionnelles France/hors France
- La présentation d'au moins une pratique professionnelle transférable et susceptible d'enrichir les approches françaises
- Les efforts d'adaptation déployés lors du séjour à l'étranger.

L'épreuve a une durée de 20 minutes. Elle comporte une première partie d'une dizaine de minutes permettant au candidat d'exposer les points saillants de son séjour à l'étranger, suivie d'une phase de dialogue avec la commission d'interrogation. Lors de l'épreuve, le candidat apporte tout support ou document qu'il estime utile.

La commission d'interrogation est composée d'un professeur ayant l'expérience du suivi du parcours de professionnalisation à l'étranger et d'un représentant du champ professionnel du diplôme ou, à défaut, d'un deuxième professeur d'économie et gestion intervenant dans le BTS concerné.

L'épreuve donne lieu à une note sur 20. Seuls les points au-dessus de 10 sont pris en compte pour l'obtention du diplôme.

Vous pouvez écrire votre résumé ici pour cette matière :

Entreprenariat (BONUS)

Objectifs de l'épreuve facultative

Cette option du BTS MCO permet de suivre et d'étendre les principes de base de la formation qui sont le commerce et le management, à des principes liés à l'entrepreneuriat et la création d'entreprise.

L'objectif de cette épreuve facultative est de permettre aux étudiants de BTS MCO qui sont intéressés par la création / la reprise d'entreprise, de bénéficier d'un champ de compétences complémentaires qui n'est pas forcément développé en totalité, dans les matières et les épreuves principales du BTS MCO. L'épreuve d'entrepreneuriat permet donc d'aller plus en profondeurs sur des sujets tels que le business model, le business plan, le financement, etc…

Cette épreuve est évaluée à travers la création d'un projet. L'étudiant de BTS MCO devra réfléchir à une idée de projet, à la création d'un modèle économique (business model) et d'un plan d'affaires (business plan). Pour avancer dans le projet l'étudiant sera accompagné/ coaché par un professeur durant les 2 années de formation.

Cette épreuve reste un effort additionnel à réaliser pour l'étudiant, mais il est reconnu et estimé par les professeurs / les formateurs, car il montre l'engagement de l'étudiant dans un projet qui l'intéresse, et il montre que l'étudiant est capable de repousser ses difficultés dans l'effort.

A savoir

Tout comme les autres épreuves facultatives, cette épreuve permet d'augmenter sa note au BTS MCO lorsque la note est égale ou supérieure à 10 sur 20.

Contenu

L'épreuve évalue :
- Le diagnostic préalable à la création ou à la reprise d'une unité commerciale
- Le choix du positionnement de l'unité commerciale
- Le potentiel commercial
- La solidité des relations de partenariat envisagées
- La gestion prévisionnelle des ressources humaines
- La faisabilité financière du projet de création ou de reprise.

Critères d'évaluation

- Le diagnostic est clair et pertinent
- Le positionnement retenu est judicieux et en cohérence avec le diagnostic
- Le potentiel commercial est réaliste et correctement évalué
- Les partenaires envisagés couvrent les besoins de l'unité commerciale
- Les besoins en ressources humaines sont correctement anticipés
- Le plan de financement est rigoureux, clair, complet et précis.

Modalités d'évaluation

L'épreuve prend appui sur un dossier personnel composé du modèle économique et du plan d'affaires du projet de création ou de reprise d'une unité commerciale. Ce dossier comportant une dizaine de pages est remis à la commission d'évaluation deux semaines minimum avant l'épreuve.
L'épreuve a une durée de 20 minutes.
Elle comporte une première partie d'une dizaine de minutes permettant au candidat d'exposer les points saillants de son modèle économique et de son plan d'affaires, suivie d'une phase de dialogue avec la commission d'interrogation. Lors de l'épreuve, le candidat apporte tout support ou document qu'il estime utile.

Tous droits réservés FICHES BTS MCO

Vous pouvez écrire votre résumé ici pour cette matière :

C'est déjà terminé !

J'espère sincèrement vous avoir aidé et surtout vous avoir facilité la tâche ! Je vous souhaite absolument TOUTE la réussite que vous méritez.

Vous avez également la possibilité de commander :

- Mon projet DRC rempli par mes soins en cliquant ici :

https://fiches-bts-mco.fr/drc/

- Mon projet ADOC également rempli en cliquant ici :

https://fiches-bts-mco.fr/adoc/

Je suis toujours disponible pour toutes informations complémentaires dont vous pourriez avoir besoin.

Ci-dessous, mon adresse e-mail :

contact@fiches-bts-mco.fr

A bientôt et surtout gardez confiance en vous, c'est ça le plus important !

FICHES BTS MCO.

Printed in France by Amazon
Brétigny-sur-Orge, FR